经典作家如是说系列

经典作家谈

书与读书

刘文荣 主编

文匯出版社

前言

读书，自古迄今被有识之士视为毕生的追求和理想。读书可以使人通情达理，知耻向善。读书不仅积蓄知识，更是精神历练。历代经典作家，不仅勤于读书，还乐于谈书——他们不仅是“读书家”，往往还是“谈书家”。

本书精选中外18位经典作家的22篇谈书与读书的文章，以飨读者。为了使你在阅读前对本书有个大概了解，我先就本书内容作一简要介绍：

本书分为两部分，即“外国篇”和“中国篇”。在第一部分“外国篇”里，选入了12位外国作家的相关文章——英、法、德、美都有，从16世纪的培根和蒙田，到20世纪的奥登和毛姆，还有日本近代大学者福泽谕吉——他们有的是哲学家（如培根和叔本华），有的是散文家（如蒙田和兰姆），有的是小说家（如弗吉尼亚·伍尔夫和毛姆），有的是批评家（如罗斯金和阿兰），有的是传记作家（如莫洛亚），有的则是教育家（如爱默生和福泽谕吉），而在本书中，他们都作为“读书家”出现在你面前。他们谈到的有些书，也许你并不熟悉。但这不要紧。他们谈到的读书目的并不一致：有的是谈为做人而读书、有的是谈为做学问而读书、有的则是谈为读书而读书。但这也不要紧。要紧的是他们的读书经验和读书方法，因为不管您读书是为做人，或是为做学问，还是为读书而读书，只要你是认真的，我想，就一定会从他们的读书经验中获益。

同样，在第二部分“中国篇”里，选入的6位中国作家——梁启超、蔡元培、胡适、鲁迅、林语堂、梁实秋——也将为您提供宝贵的读书经验。同样，他们对读书的目的、读什么书以及如何读书等问题，看法也不一致，如：梁启超主张“趣味主义”、胡适提倡“博学精读”、鲁迅强调“多看外国书”、林语堂则推崇“自由看书”。但是，有一点是肯定的，那就是：他们皆为饱学之士，他们的读书成果可谓大矣！就凭这一点，我想，他们的读书经验也值得你玩味、值得你思考吧？

人称读书有三境界：第一境是“昨夜西风凋碧树，独上高楼，望尽天涯路”，即：寒窗苦读；第二境是“衣带渐宽终不悔，为伊消得人憔悴”，即：冥思苦想；第三境是“众里寻他千百度，回首蓦见，那人正在灯火阑珊处”，即：豁然开朗。这是求知的三阶段，其实也是感悟人生的三阶段。那么，你呢？是正在“独上高楼”呢，还是正“为伊消得人憔悴”？抑或，正“回首蓦见”？不过，无论你身处哪一境，本书中的这些经典作家，我敢保证，都是你的良师益友。

刘文荣

2012年11月于上海

目录

· 中国篇

外国篇

论读书

[英]　弗朗西斯·培根

弗朗西斯·培根（Francis Bacon 1561—1626），英国文艺复兴时期著名哲学家、散文家。曾任大法官，晚年隐退，从事研究和著述。重要著作有哲学论著《学术的进展》《新工具》《论事物的本性》、文集《随笔集》和《新大西岛》等。本文选自《随笔集》，乃数百年来脍炙人口之名篇。全文不足两千字，却将读书之功用、读书之方法及读书与性格之关系一一道来，且句句有理，实为言简意赅之典范。

读书足以怡情，足以傅彩，足以长才。其怡情也，最见于独处幽居之时；其傅彩也，最见于高谈阔论之中；其长才也，最见于处世判事之际。

练达之士虽能分别处理细事或一一判别枝节，然纵观统筹，全局策划，则舍好学深思者莫属。读书费时过多易惰，文采藻饰太盛则矫，全凭条文断事乃学究故态。

读书补天然之不足，经验又补读书之不足，盖天生才干犹如自然花草，读书然后知如何修剪移接，而书中所示，如不以经验范之，则又大而无当。

有一技之长者鄙读书，无知者羡读书，唯明智之士用读书，然书并不以用处告人，用书之智不在书中，而在书外，全凭观察得之。

读书时不可存心诘难作者，亦不可尽信书上所言；不可只为寻章摘句，而应推敲细思。

书有可浅尝者，有可吞食者，少数则须咀嚼消化。换言之，有只需读其部分者，有只须大体涉猎者，少数则须全读，读时须全神贯注，孜孜不倦。书亦可请人代读，取其所作摘要，但只限题材较次或价值不高者，否则书经提炼犹如水经蒸馏，淡而无味。

读书使人充实，讨论使人机智，笔记使人准确。因此，不常做笔记者须记忆力特强，不常讨论者须天生聪颖，不常读书者须欺世有术，始能无知而显有知。

读史使人明智，读诗使人灵秀，数学使人周密，科学使人深刻，伦理学使人庄重，逻辑修辞之学使人善辩；凡有所学，皆成性格。

人之才智但有滞碍，无不可读适当之书使之顺畅，一如身体百病，皆可借相宜之运动除之。滚球利睾肾，射箭利胸肺，慢步利肠胃，骑术利头脑，诸如此类。如智力不集中，可令读数学，盖演题需全神贯注，稍有分散即须重演；如不能辨异，可令读经院哲学，盖是辈皆吹毛求疵之人；如不善求同，不善以一物阐证另一物，可令读律师之案卷。如此头脑中凡有缺陷，皆有特效可医。

王佐良　译

谈书籍

[法]　米歇尔·德·蒙田

米歇尔·德·蒙田（Michel de Montaigne 1533—1592），法国思想家、散文家。曾在法院任职多年，后归隐田园，潜心著述，以多卷散文集《随笔》闻名于世。本文选自《随笔》。蒙田的随笔可称为"恳谈"，形式随意，态度诚恳，仿佛与读者促膝谈心。本文谈书籍，主要谈文学书和历史书，但蒙田并不想指导读者怎样读书，而只是谈了他自己是怎样读书的，以及他对一些书的看法；至于读者愿不愿意学他那样读书，是否同意他对那些书的看法，他一概不管。反正，他怎么想就怎么说，因为他写随笔的目的本来就"不是写给别人看的，而是写给自己看的"。所以，他毫不在乎地说，他读书只是为了娱乐，为了"悠闲度日的乐趣"，一遇到困难，就知难而退，从不勉强自己。这样的"读书观"，不是太不"励志"了吗？他不在乎！因为他的人生哲学就是——"悠闲地而不是辛劳地度过余生"。这就是蒙田。喜不喜欢，随你便！

我毫不怀疑，我经常谈到的一些问题若由专家来谈，会谈得更好、更实在。本文纯属我凭天性而不是凭学问写成的，谁觉得这是信口雌黄，我也不会在意。我的论点不是写给别人看的，而是写给自己看的；而我也不见得对自己的论点感到满意。谁要在此得到什么学问，那就要看鱼会不会上钩。做学问不是我的擅长，本文都是我的奇谈怪论，而我也并不企图让人凭这些来认识事物，而是认识我；这些事物或许有一天会让我真正认识自己，也可能我以前认识过，但是当命运使我有幸接触它们的真面目时，我已记不得了。

我这人博览群书，但是阅后即忘。所以，除了说明在此时此刻我有些什么认识，我什么都不能保证。不要期望从我谈的事物中、而要从我谈事物的方式中去得到些东西；比如说，看我的引证是否选用得当，是否说明我的意图，因为有时由于拙于辞令，有时由于思路不清，我无法适当表达意思时就援引了其他人的话。我对引证不以数计，而以质胜；如果我以数计的话，我的引证还会多出两倍。这些引证除了极少数以外都出自古代名家，不用我介绍也当为大家所熟识。鉴于要把这些说理和新观念用于自己的文章内，跟我的说理和观念交织在一起，我偶尔有意隐去被引用作者的名字，目的是要那些动辄训人的批评家不要太鲁莽，他们见到文章就攻击，特别是那些还在世的年轻作家的文章。他们像个庸人似的招来众人的非议，也同样像个庸人似的要去驳倒别人的观念和想法。我要他们错把普鲁塔克[①]当作我来嘲笑，骂我骂到了塞涅卡[②]身上而丢人现眼。我要把自己的弱点隐藏在这

① 普鲁塔克（约46—120），古希腊传记作家、散文家。
② 塞涅卡（前3—65），古罗马政治家、哲学家、悲剧作家、雄辩家。

些大人物身上。

我喜欢有人知道如何在我的身上拔毛，我的意思是他会用清晰的判断力去辨别文章的力量和美。因为我缺乏记忆力，无法弄清每句话的出处而加以归类。然而，我知道我的能力有限，十分清楚在我的土地上开不出我播种时想要的绚丽花朵；在我的果园里，果子也永远比不上别人的甜美。如果我词不达意，如果我的文章虚妄矫饰，我自己没能感到，或者经人指出后仍没能感到，责任当然由我来负。因为有些错误往往逃过我们的眼睛，但是在别人向我们指出错误后仍不能正视，那就是判断上的弊病了。学问和真理可以不与判断力一起并存在我们身上，判断力也可以不与学问和真理并存在我们身上，但不管怎样，承认自己的无知，我认为是说明自己具有判断力的最磊落、最可靠的明证之一。

我安排自己的论点也是随心所欲没有章法的，随着联翩浮想堆砌而成；这些想法有时蜂拥而来，有时循序渐进。我愿意走合乎自然的步伐，尽管有点凌乱；我当时心情如何，也就如何写来，所以写出来的东西就成了这样，不过也不至于信口开河和不着边际。我当然愿意对事物有一番全面的了解，只是我付不起这样昂贵的代价。我的目的是悠闲地而不是辛劳地度过余生，所以没有一样东西是我愿意为它呕心沥血的；即使是做学问，我也不愿意，尽管做学问是一件那么光荣的事情，而我在书籍中寻找的却是悠闲度日的乐趣。即使搞点研究，我也是为了获得如何认识自己、如何享受人生、如何从容离世的学问：

这是我这匹淌汗的马应该朝之奔跑的目标。

——普鲁佩蒂乌斯①

阅读时遇到什么困难，我也不会为它们绞尽脑汁；经过一两次思考，得不到解答也就算了，不再思考。如果我不罢休，不但会浪费时间和精力，还因为我本不善于思考，一思不得其解，再思反而更加糊涂。若不是高高兴兴，我就做不成事情；苦苦思索反而会使我判断不清、不知所措。当我视觉模糊时，我必须收回视线再度对准焦点，就如我看红布上的条纹，必须把目光先从红布上移开，上下左右转动一下眼睛，然后眨上好几次才能看清。如果这本书看烦了，我就丢下换另一本，等我实在无事可做时再来看它。我很少读现代人写的书，因为我觉得古人写的书更丰富、更深刻。我也不读希腊人写的书，因为我对希腊文一知半解，理解不深，无从运用我的判断力。

在那些纯属消闲的书籍中，我觉得现代人薄伽丘的《十日谈》、拉伯雷②的作品和让·塞贡③的《吻》（若可把它们归入这一类的话），可以玩味一番。至于《高卢的阿马迪斯》④ 和此类作品，我就是在童年时也不曾感过兴趣。我还要不揣冒昧地说，我这颗老朽沉重的心，不但不会为亚里士多德、也不会为善良的奥维德颤抖。奥维德的流畅笔法和诡谲故事从前使我入迷，如今

---

① 普鲁佩蒂乌斯（约前50—前15），古罗马哀歌诗人。

② 拉伯雷（约1493—1553），文艺复兴时期法国著名学者、作家，传世之作《巨人传》。

③ 让·塞贡（1511—1536），荷兰出生的拉丁诗人。

④ 《高卢的阿马迪斯》，一部中世纪有名的骑士传奇。

已很难叫我留恋。我对一切事物，包括超过我的理解和不属于我涉猎范围的事物，自由地表达我的意思。当我有所表示时，并不是指事物本身如何，而是指本人见解如何。当我对柏拉图的《阿克西奥切斯》一书感到讨厌、并认为对这样一位作家来说这是一本苍白无力的书时，我也不认为自己的见解必然正确。从前的人对这本书推崇备至，我也不会蠢得去冒犯古代圣贤的评论，不如随声附和，倒也心安理得。我只能责怪自己的看法，责怪自己只是停留在表面，没能窥其奥秘，或者说，没有从正确的角度去看待。对一本书，只要不是颠三倒四、语无伦次，其他都不必计较；看到了自己的弱点，却要直言不讳。对某些思想和思想的表现，我想到什么就说什么；只是，这些思想和思想的表现往往是不明显的、不完整的。譬如伊索寓言，大部分有几层意义和几种理解。认为这些寓言只含一种寓意的人，总是选择最明显的一面来加以解释；但在大多数情况下，那只是寓言的最肤浅的表面，其实还有更生动、更主要和更内在的部分，他们没有深入挖掘，而这，正是我在做的一件事……

还是沿着我刚才的思路说下去吧。我一直觉得，在诗歌方面，维吉尔①、卢克莱修②、卡图鲁斯③和贺拉斯④远远在众人之上。尤其是维吉尔的《农事诗》，我认为是完美无缺的诗作，只要把《农事诗》和《埃涅阿斯纪》比较一下就很容易看出，维

---

① 维吉尔（前70—前19），古罗马史诗诗人，《埃涅阿斯纪》为其传世之作。

② 卢克莱修（约前99—前55），古罗马哲理诗人。

③ 卡图鲁斯（约前87—前54），古罗马田园诗人。

④ 贺拉斯（前65—前8），古罗马诗人、批评家。

吉尔若有时间，是可以对《埃涅阿斯纪》的某些章节做更精心的梳理的。我认为《埃涅阿斯纪》第五卷写得最成功。卢卡努斯①的著作也常使我爱不释手，这不在于他的文笔，而在于他的观念和评论颇为中肯。至于“一把好手”泰伦提乌斯②——他的拉丁文写得妩媚而典雅——我觉得他最好地表现了人的心灵活动和风俗人情；每当我看到人们的日常行为时，总会想起他。他的书我久读不厌，而且每次都会发现新的优美典雅之处。稍后于维吉尔时代的人常抱怨说，不能把维吉尔和卢克莱修相提并论。我同意，这样的比较确实不很恰当，但是当我读到卢克莱修最优美的诗篇时，不由得也会产生这样的想法。如果人们对这样的比较都会生气，那么现在有人把他和亚里士多德作不伦不类的比较，不知这些人又会怎么说呢？亚里士多德本人又会说什么呢？

> 哦！这个没有判断力、没有情趣的时代。
>
> ——卡图鲁斯

我认为，把普劳图斯③跟泰伦提乌斯（他很有贵族气）比较，比把卢克莱修跟维吉尔比较更叫古人觉得不平。罗马雄辩术之父西塞罗④常把泰伦提乌斯挂在嘴上，说他古今独步，这使泰

---

① 卢卡努斯，生卒年不详，古罗马诗人，其作品只有史诗《法尔萨利亚》（一称《内战记》，共10卷，未完稿）传世。

② 泰伦提乌斯（一译泰伦斯，约前190—前159），古罗马喜剧家。

③ 普劳图斯（前254？—184），古罗马喜剧家、诗人。

④ 西塞罗（前106—前43），古罗马著名政治家、演说家、雄辩家、法学家和哲学家。

伦提乌斯声名远扬，而罗马诗坛的第一法官贺拉斯，则对他的朋友①大加赞扬。到了我们这个时代，那些写喜剧的人（尤其是意大利人）经常抄袭泰伦提乌斯或普劳图斯的剧本，用其中的三四段对话就铺展成了一个剧本，这叫我惊讶不已。他们还把薄伽丘的五六个故事②塞在同一个剧本里。把那么多情节堆砌在一起，只能说明他们对自己的剧本的艺术价值没有信心，只好依靠情节来支撑。他们搜索枯肠也找不出什么东西来使我们入迷，甚至都无法使我们觉得有趣。这和我刚才说到的泰伦提乌斯简直没法比。他的写法本身就令人入迷，使我们不计较其内容是什么，总被他优美动人的语言所吸引；他自始至终都说得那么动听。

清澈见底如一条纯洁的大河。

——贺拉斯

我们的整个心灵为语言之美所陶醉，竟至忘了故事之美。沿着这一思路，我想得更远一点：我看到古代杰出诗人都毫不矫揉造作，不但没有西班牙人和彼特拉克③信徒的那种夸大其词，也没有以后几世纪诗歌中几乎篇篇都有的、连马提雅尔④也望尘莫

---

① 指维吉尔。

② 指《十日谈》里的故事。

③ 彼特拉克（1304—1374），意大利学者、诗人，被认为是意大利文艺复兴时期第一个人文主义者。

④ 马提雅尔（40—103?），出生于西班牙的拉丁诗人，有12卷《箴言诗》传世。

及的辛辣词句[①]。至于我上面说的堆砌故事，马提雅尔其实早就说过：

> 他不用花许多工夫，故事代替了才情。
>
> ——马提雅尔

前一类人不动声色，也不故作姿态，写出令人感动的作品；他们信手拈来都是笑料，不必勉强自己挠痒痒。后一类人则需要添枝加叶；他们愈少才情，愈需要情节；他们骑在马上，不敢步行，因为他们的两腿不够有力，或者说，他们就如那种舞艺差劲的舞师，跳不出气质高贵而典雅的舞姿，就用激烈的跳跃动作和船夫摇桨一样的怪动作来引人注意。这对女人来说也一样，有的女人跳舞时身体乱晃乱动，而有的女人只是轻步慢移，好像很平常，但却自然舒展，舞姿优雅。其实，前者的动作远比后者容易。我还看过出色的演员穿着日常服装演出，全凭表演技巧使我们折服；而那些水平不够的演员，就必须脸抹厚厚的粉墨，穿上奇装异服，摇头晃脑扮鬼脸，才能使人发笑。同样，若将《埃涅阿斯纪》和《愤怒的罗兰》[②] 比较一下，也可以证实我的这种看法。《埃涅阿斯纪》就像雄鹰展翅，稳实从容，直向一个目标飞去，而《愤怒的罗兰》内容驳杂，从一件事说到另一件事，就

---

① 蒙田被认为是人文主义者，但从这里可看出，他对当时的某些人文主义文学很不以为然。可见，人文主义者并不一致。

② 《愤怒的罗兰》（也译《疯狂的罗兰》），意大利诗人阿里奥斯托（1474—1533）的长篇叙事诗。

像小鸟在枝头上飞飞停停，因为它的翅膀只能承受短途飞行，飞过一段后就要歇息，否则就会喘不过气来。[①]

它只敢飞飞停停。

——维吉尔

就诗歌而言，以上那些诗人是我喜欢的诗人。至于另一类散文书，内容有趣，也很有教益。我读这类书是为了消遣，读得最多的是普鲁塔克和塞涅卡的著作。他们两人有个共同点，很合我的心意，那就是他们的书里都充满了知识，而且都由一篇篇短文组成，如普鲁塔克的《短文集》、塞涅卡的《道德书简》，不需要长时间阅读（长时间阅读我是做不到的）。《道德书简》是塞涅卡写得最好的书，也是最有益的；不需要正襟危坐阅读，随时可以放下，因为每篇之间并不连贯。这两位作家的处世哲学也大体一致；他们的经历也相似，出生在同一个世纪，都出生在国外，都有钱有势，而且都做过罗马皇帝的教师。他们的学说是哲学的精华，但写得简单明白。普鲁塔克始终如一，平稳而沉着；塞涅卡心情多变，而且兴趣广泛，他不苟言笑，总想用道德去克服恐惧心理和不良欲望，而普鲁塔克对这些缺点好像并不怎么在意，并不想郑重其事地加以防范。普鲁塔克遵循的是柏拉图的学

① 这里再次表明，蒙田推崇古罗马文学，而对意大利近代人文主义文学大不以为然。

说，过着温和适中的生活；塞涅卡接受的是斯多葛派①和伊壁鸠鲁②的观点，比较严峻，不迎合世俗生活，但在我看来，更适合个人修养。不过，塞涅卡好像是屈从于当时的皇权威严的，因为我敢肯定，恺撒被谋杀后，他对谋杀者的谴责是不得已而为之；普鲁塔克则一生无拘无束。塞涅卡的文章冷嘲热讽，辛辣无比；普鲁塔克的文章生动有趣，言之有物。塞涅卡叫你读了热血沸腾，心潮澎湃，普鲁塔克使你心旷神怡，必有所得。前者为你开路，后者随你同行。

至于西塞罗，他那些以伦理学为主的著作对我是很有帮助的。不过，恕我直言（即使对他无礼，我也在所不惜了），他的写法使我厌烦，实在太沉闷了。因为在他书里，序跋、定义、分类、词源考证等占据了大部分篇幅，生动的精华部分被淹没在冗词滥调中。若花一小时读他的书——这对我来说已很长了——然后回想从中到底读了什么有用的东西，大多是一无所获。因为我读了一小时，他还没有谈到我想知道的观点，更谈不上解答我所关心的问题了。我只想知道做人的道理，并不想博学雄辩，那些逻辑学和亚里士多德哲学的奥义对我毫无用处；我要求作者一开始就说出结论。我已经听够了关于死亡和肉欲的议论，不需要他们再条分缕析、娓娓道来；我要他们提供充分的理由，指导我如何正视和应对眼前的事情。微妙的修辞、四平八稳的议论解决不了问题；我要求他们开门见山，而西塞罗的文章总是拐弯抹角，

① 斯多葛派，古希腊一个影响很大的哲学流派，强调天命论。

② 伊壁鸠鲁（前341—前270），古希腊哲学家，倡导“尊天命”伦理思想。

令人生厌。这种文章只适宜于教学、诉讼和布道，即使打一阵瞌睡，一刻钟后仍可以继续。这种说话方式，只有当你想尽力说服一个愚钝的法官时，或者在为初学的孩子和无知无识的人说明事理时才需要；而我并不需要有人像传令官似的一而再、再而三地提醒我：嗨，听着！罗马祭司在祭坛上也要提醒下面的信徒："注意啦！"这对我来说是多余的。我既然来了，就早有准备，不需要添油加醋来激发我的食欲；生肉我也能吞下去；搞得那么繁琐，作用适得其反，不但激不起食欲，把我原有的胃口也败坏了。我认为柏拉图的《对话录》也写得过于拖沓冗长。像柏拉图这样一个人，本有许多至理名言可说，却把时间放在那些无谓的、不着边际的议论上，我觉得令人遗憾。这样大胆非议柏拉图，不知世人会不会宽恕我？[①] 我对西塞罗的文风也不太欣赏，原因当然是我的无知。通常情况下，我要读的是用学问作为内容的书，而不是卖弄学问的书籍。我最喜欢读的两本书[②]，还有大普林尼[③]等人的书，都从不提醒读者"注意啦"。这些书是写给心中有数的人看的，就是有"注意啦"，也是真有东西要人注意。不过，西塞罗的《给阿提库折的信札》我还是喜欢读的。这本书里不但有他那个时代的许多史料，还表现出了他的个性。因为，就如我曾说过的，我对作家内心的真实想法一直很感兴趣。因为，仅读他们的正式著作，仅看他们的一般经历，我们只能了解他们

---

① 柏拉图是罗马天主教会认定的"圣贤"之一，在当时是不能随便批评的。
② 即上文所说普鲁塔克的《短文集》和塞涅卡的《道德书简》。
③ 大普林尼（23—79），又称老普林尼，古罗马百科全书式作家，以其所著《博物志》一书著称。

愿意让我们了解的东西，而不能洞悉他们内心的隐秘习性。我不止一百次说过，布鲁图[①]那本论美德的书失传了，实在令人遗憾，因为从行动家那里学理论，比从理论家那里学理论更有意思。

理论和理论家本人往往是两回事。我既想在普鲁塔克写的书里看到普鲁塔克本人，也想在布鲁图写的书里看到布鲁图本人。我想知道他在阵前对士兵的讲话，更想知道他临战前在营帐里和朋友的交谈；我想知道他在讲坛上和议院里的发言，更想知道他在书房里或卧室里说过些什么。至于西塞罗，我同意大家的看法，就是他的学问确实很渊博，但他的为人并不高尚。他还算是个好公民，待人随和，爱开玩笑，像他那样的胖子，大凡都这徉。但是，说实在的，他这个人贪图享乐、虚荣而好出风头；他竟然敢把他写的诗发表出来，这是我无论如何不能原谅的；一个人不会写诗算不上什么缺陷，但他居然如此没有自知之明，居然不知他写的劣诗发表出来只会损害他的英名。当然，他的演讲术是举世无双的，我相信今后也没有人可以跟他匹敌。不过，就是那些认为他的演讲术举世无双的人中间，也有人不忘指出他演讲中的不当之处；譬如，他的朋友、伟大的布鲁图就曾说，他的演讲术“关节有毛病”[②]；还有和他同时代的演说家也曾指出，他经常在每个段落末了使用长句，有时令人费解，还过多地使用“好像是”、“似乎是”之类的词语。我喜欢节奏稍快、长短交替、抑扬有致的句子。他偶尔也有这样的句子，但是不多。下面

① 布鲁图（约前85—前42），古罗马政治家，反对恺撒独裁，后在罗马内战中自杀。有著述，但现仅存少量书信。

② 意即“衔接不顺畅”。

这一句我觉得很中听：

> 对我来说，我宁愿老了不久留也不愿未老先衰。
>
> ——西塞罗

我读历史学家的著作觉得更顺心；他们叙述有趣，深思熟虑。一般说来，我要了解的人物，在历史书里比在其他地方显得更生动、更完整；人物的思想、性格，经过粗勾细勒，各具形态；在各种历史事件中，他们的内心活动也更加复杂多变。研究事件缘由多于事件后果、着意人物内心多于外部因素的传记历史学家，最使我感兴趣，这说明为什么普鲁塔克不管从哪方面讲都是我最喜欢的历史学家。我很遗憾我们没有十来个像第欧根尼·拉尔修[①]这样的人，或者说，像他这样的人没有被更多的人接受和了解。因为对这些贤哲的生活和命运感兴趣，不亚于对他们形形色色的学说和思想的兴趣。关注这类历史时，应该不加区分地翻阅各种著作，古代的、现代的、文字拙劣的、语言纯正的，都要读，要从各种角度了解作者对史料的处理。我觉得最值得我们精心阅读的是恺撒的书[②]。不仅从历史的角度讲，就是从他这个人的角度讲，恺撒也是一个完美的典型人物，超越包括萨卢斯特[③]在内的所有历史学家。因此之故，我读恺撒时，比读一般人

---

① 第欧根尼·拉尔修（约200—250），罗马帝国时代的古希腊哲学史家，生平不详，以希腊文写作，编有古希腊哲学史料《名哲言行录》。

② 指恺撒的历史学著作《高卢战记》。

③ 萨卢斯特（前86—前35），古罗马历史学家，因高贵出身而声名显赫。

的著作更怀敬意和钦慕之情，时而对他彪炳千古的业绩肃然起敬，有时对他纯正优雅的文笔赞叹不止。就如西塞罗说，不仅所有的历史学家，可能还包括他西塞罗本人，都难于和恺撒相比。恺撒即使在说到他的仇敌时，态度也极其诚恳。若有什么可批评的话，那就是他对自己在政治和军事上的所作所为辩护得太多，而对自己的所思所虑又谈得太少，简直讳莫如深。因为，他若只做了我们在他的书上读到的那点事情，他是不可能成就其帝国大业的。

我所喜欢的历史学家，不是特别纯朴，就是非常出色。纯朴的历史学家绝不会掺入自己的观点，只会细心把搜集的资料罗列汇总，既不选择，也不剔除，实心实意，一切照收，全由读者自己对历史真相作出判断。这样的历史学家有善良的让·傅华萨[1]，他叙述历史时态度诚恳，若有史料失实，只要有人指出，他都无条件地承认和更正。他甚至把历史上的各种传说也照录不误。这是彻彻底底的、不成型的历史素材，每个读者都可以根据自己的领会各取所需。出色的历史学家则正好相反，他们有能力选择值得叙述的事情来加以叙述，或从不同的史料中辨别出真伪，或根据某位亲王的处境和习性推导其意图，并让他说出相应的话来。这样的历史学家完全有理由要我们接受他们的看法，但只有极少数几位历史学家享有这种特权。在这两类历史学家之间的其他历史学家（他们占多数）则只会误导我们；他们为我们包办一切，还擅自确定了历史的批评原则，从而让历史去迎合他们的想象；而若历史批评呈一边倒倾向，当后人再度叙述某个历

① 让·傅华萨（1337—1405），中世纪法国编年史家。

史事实时，就不可避免要受影响。这些历史学家也企图选择历史上应该知道的事情，但常常会把历史人物的某些言论或某件私事忽略掉，而这些言论或私事其实是很重要的。他们把自己不理解的事情看作怪事而一概不谈，遇到自己无法用流畅的拉丁文或法文表达的东西，就尽可能地回避。其实，他们尽可以大胆施展自己的雄才大略，尽可以妄下断言，但至少要给我们留下一些未经删改的东西，容许我们在他们之后加以评判；也就是说，要按原样保留历史事实。

尤其是最近几百年来，经常有一些平庸之辈，仅仅会舞文弄墨就来撰写历史，好像我们从历史中要学的是如何妙笔生花！他们也没办法，既然是被雇用来出卖嘴皮子的，他们也只好在这方面操心了。所以，他们就把一些道听途说串在一起，像模像样地予以陈述，弄出一本本所谓的历史书来。好的历史书其实都是由一些亲历者或者参与过类似事件的人撰写的，而这样的历史书，几乎都出自希腊人和罗马人之手——由于有许多亲历者撰写同一事件（当时和现在一样，也不乏有气魄、有才华的人），所以即使失实，也不会太严重；要不，就是历史迷案，谁也说不清。反之，若由医生来讲述战争，由小学生来讨论各国亲王的图谋，会叫人学到什么东西呢？若要了解罗马人对历史的一丝不苟，只要举出下面这个例子就行了：阿西尼厄斯·波利奥[1]发现恺撒撰写的历史[2]中有些地方失实，原因是恺撒不可能对自己军队的各方

① 阿西尼厄斯·波利奥（？—5），古罗马历史学家，维吉尔和贺拉斯的朋友，曾任执政官。

② 指恺撒的《高卢战记》。

面都亲自过问，有些材料可能是未经核实的报告，或者在他外出时，副官代办的事没有向他充分汇报。从这个例子即可看出，要了解真相，需要慎之又慎；要了解一场战争的实况，既不能单靠指挥官提供的信息，也不能只到士兵那里去询问；只有像法庭审讯那样，比较各方证人的证词，弄清事件的每个细节，而且都有物证为凭。说实在的，我们对自己的事情也未必了解得很全面；这一点，让·博丁[①]讲得很透彻，和我不谋而合。我曾不止一次拿起一本书，自以为是我未读过的新书；其实，这是我几年前就已仔细读过的书，上面还写满了评语和心得。为了弥补记性不好的缺点，我最近又恢复了过去的习惯，在一本书（我指的是我读过一次的书）后面写上读完此书的日期和对此书的评语，这样至少可以让我再次读此书时，能回忆起上次阅读的印象。其中的一些，我想在此转述一下。譬如，十年前，我在圭恰迪尼[②]的一本书后面写了这样的评语：

> 他是一位勤奋的历史学家；依我看来，他在这本书里提供的那个时代的历史真实性，是其他人无法比拟的，因为书里说到的大多数事件，他都是身居前列的参与者。至少从表面看不出，他由于仇恨、偏心或者虚荣而篡改事实；他对那时风云人物，尤其对那些提拔他和重用他的人（如克雷芒七世教皇）所作的评论，都是可信的。他好像最愿意显山露水

① 让·博丁（1530—1596），法国政治学家、法学家。

② 圭恰迪尼（1482—1540），意大利史学家，著有《佛罗伦萨史》和《意大利史》等。

的地方，是他的借题发挥，其中的有些段落写得很精彩，但他又过分沉迷于此，再加上他什么都想说，材料又那么多，几乎无穷无尽，所以就变得啰里啰唆，有点像饶舌多嘴的学究了。我还注意到一点，就是他对那么多人和事、那么多动机和意图予以评论，却从不提到美德、宗教和良心，好像世上并不存在这些东西；不论对什么行为，不论外表上如何高尚，他都一概归因于自私和邪恶。他评论了数不清的行为，居然没有一种行为是出于理性的，这叫人无法想象；不能说普天之下人人都心怀邪念，没有一个是洁身自好的，这使我怀疑他自己心术不正，是以己之心度他人之腹。

在菲利普·德·科明[1]的书后面，我是这样写的：

语言清丽流畅，自然而坦诚，叙述朴实，作者的赤子之心油然可见，谈到自己时不尚虚华，谈到别人时不偏执、不嫉妒。他的演讲和劝导充满激情和真诚，既不自我陶醉，又很严肃庄重，显示出作者是一位出自名门之人，而且阅历丰富。

在杜·贝莱兄弟[2]合写的《回忆录》后面，我写了这样的话：

读亲历者撰写的所见所闻，总是一件快事，但不可否认

① 菲利普·德·科明（1447—1511），法国编年史家。

② 杜·贝莱兄弟（纪尧姆·杜·贝莱 1491—1543；让·杜·贝莱 1492—1560），法国贵族，均为弗朗索瓦一世的宫廷大臣。

的是，在这两位贵族身上，缺乏像让·德·儒安维尔[①]（圣路易王的侍从）和艾因哈德[②]（查理大帝的枢密大臣）这样的古人，以及像菲利普·德·科明这样的近代作家在撰写同类书时所表现出来的那种坦诚和公正。这不像是一本历史书，而是一本为弗朗索瓦一世[③]反对查理五世[④]皇帝作辩护的书。我虽不认为两位作者对重要事实有什么篡改，但他们毫无理由地偏护法国，回避对事件的讨论，还隐瞒了其主子弗朗索瓦一世的一些不光彩的私事；比如，关于蒙莫朗西家族和布里翁家族的失宠，还有埃斯唐普夫人[⑤]，都只字不提。秘事可以隐瞒，但众所周知的事情，尤其是对公众生活产生过重大影响的事情，忌口不谈就不可饶恕了。总之，要想真正了解弗朗索瓦一世和他那个时代发生的事情，不妨听我的话，去找其他书来读。这本书的有用之处是：两位作者对亲身经历的战役提出了他们自己的看法，并记录了他们那个时代的某些王公贵族的私下谈话和生活轶事；还有关于朗杰领主纪尧姆·杜·贝莱[⑥]主持下的谈判和交易，书里叙述得还不错，值得一读。

李予之　译

---

① 让·德·儒安维尔（1225—1317），法国历史学家，曾任宫廷侍从。

② 艾因哈德（775—840），法国学者，曾任枢密大臣。

③ 弗朗索瓦一世（1494—1547），法国国王，1515—1547 年在位。

④ 查理五世（1500—1558），西班牙国王（1516—1556）、神圣罗马帝国皇帝（1519—1558）。

⑤ 埃斯唐普夫人：法国贵妇人，弗朗索瓦一世的情妇。

⑥ 纪尧姆·杜·贝莱，即此书作者之一。

论书籍与写作

［德］　亚瑟·叔本华

亚瑟·叔本华（Arthur Schopenhauer 1788—1860），德国哲学家、散文家。曾任柏林大学教授，重要著作有哲学论著《作为意志和表象的世界》《论意志的自由》《论道德的基础》和散文集《附录与补遗》等。本文选自《附录与补遗》。叔本华的哲学被称为“唯意志论”，推崇的是“自由意志”；同时，他又是个悲观论者，认为无论是“个人意志”，还是“集体意志”，从根本上说都受制于天地间的“自然意志”，因而归根结底是不自由的。这种唯意志论当然也贯穿在他的“写作论”和“读书论”里，即：写作和阅读，均为“个人意志”的表达；尽管“个人意志”从根本上说是不自由的，但制约“个人意志”的那个“大意志”，即“自然意志”，不是人所能理解的，更不是人所能掌控的，所以人在行动之时（在写作和阅读时）也就不必予以考虑；只是到了成功或失败之时才应认识到，成功或失败并非行动者所能掌控。也就是说，当你在写作和阅读时，自由是第一要义，其他不必考虑。至于成功或失败，那是“天意”——就如人们常说的，“谋事在人，成事在天”。既然“成事”在天，人只有“谋事”的权利，那么换句话也就是说，人在“谋事”的时候是自由的；或者说，只要不考虑成败，人总是自由的。这就是叔本华所推崇的“自由意志”，也是他在本文中谈到书籍与写作、谈到与此相关的各种事物时所贯彻的“基本精神”。这一“精神”，不仅决定了他对事物的观点和看法，同时还决定了他的文体形式。此文采用“语录体”形式，既无推论，也无演绎，而是断语式地直接说出他的想法，甚至结论。为什么？因为这是“意志”的表达；“意志”是不需要推论的，它直接诉之于读者的“意志”，相通者自会领悟，又何必多言？因此之故，读此文的乐趣，也许就在于能从这些貌似散乱的段落中读出一以贯之的“意志”——当然，还有真知灼见。

一

可以把作家分成流星、行星、恒星三种类型。第一种类型所产生的仅为瞬息即逝之效果。你们目不转睛地看着它，大声喊道：“看啊！”旋即，它就永远消逝了。第二种类型，是一种运动着的行星，其生命延续得稍长一些。由于它们和我们比较接近，它们比恒星通常要耀眼一些，这实质上是无知者通常的错觉。然而，它们很快也会由它们所处的地位悄然而去，它们的耀眼之处不过是一种借来的光亮，而它们的影响范围只局限在和它们一道旅行的同伴（同时代人）身上。只有第三种类型，才是矢志不渝、坚定不移地靠自己本身放射光芒，一视同仁地影响所有时代；即是说，当我们的观点改变时，它们并不在任何方面发生变化，因为它们自身并不存在视差。与其他星辰不同，它们并非属于一个星系（国家），它们属于整个宇宙。不过，正因为它们是如此的高远，所以，它们所放射出的光焰，通常需要很多年，才能企及地球上的居民。

二

从根本上说，不外存在着两种作家：一种是为了他们一吐为快的东西不得不写作的作家，一种是为了写作本身而写作的作家。前者胸中存有那些在他们看来有交流价值的观念或经验；而后者所需要的是金钱，这也正是其写作的动机，即为金钱而写作。他们朝思暮想其写作的目的。你可以从这个事实去认识他们：他们尽可能冥思苦想尽其心智所能地去拼织他们的观点，他们的观点遂显得虚假、暧昧、牵强、浮夸，而且，他们喜欢黎明或黄昏那种朦胧的气势，以便显示出与众不同，就也正是他们的写作缺乏确定性和清晰性的原因所在。你很快就会看出，他们的写作不过是在填充纸张。而且，一旦你的确认识到这一点，你就立即会把这些书扔在一边，因为，时间是宝贵的。稿酬和版权所有，这种体制，在根本上是文学的渊薮，只有那些纯粹为了一吐为快、不得不奋笔疾书的人，才会写出有价值的东西。似乎，写作之业，实为对金钱诅咒之业：任何一个作家，一旦为挣钱而写作，他的写作就会陷入一塌糊涂的境地。最伟大的作家所写出的最杰出的作品，一概属于这样的时候：此时，他们的写作一无所获或只有一点点报酬。正是在这个意义上，那句西班牙谚语甚为妥帖："名誉和金钱并不装在同一个皮包里。"

之所以存在着人数众多的低劣作家，就在于有那么一些愚不可及的读者，他们急切地希望读那些只要变成铅字就行的东西：

刊物杂志。多好的名字啊！在英语中，这个词[1]的含义是：终日劳役不知所终者。

三

回过头来，我们还可以概括出三种类型的著述者。首先，是那些不假思索而写作的人。他们凭记忆，凭回想，甚或直接凭其他人的书而写作。这种类型的人，是为数最多的。第二种，是那些边思索、边写作的人。他们思索是为了写作。这类人也极为常见。第三种，是那种在写作前周密思索的人。他们之所以写作，就在于他们曾经有所思索。这类人如凤毛麟角。

即便在这最后一种著述者中，即那种在着手写作之前深思熟虑的著述者中，也只有极少一部分人对**主题本身**有所思索。其他的人只思考**书本**，即只思考其他人对此主题说了些什么。即是说，他们为了真正思考起来，急需他人提出的观点，为自己提供接近主题本身的有力刺激。于是，他人的观点，就成为自己直接的题目，所以他们总是受这些观点的影响，结果根本就不会达到真正的创造性。相反，我们上边提及的那一少部分人，是由主题本身的刺激而思索的，因而他们的思索直接面对着主题本身。只有在这类著述者中，我们才会发现那些功名永垂、经世不衰的高手。

唯有那些凭自身思索而写作的作者的著述才值得一读。

---

① 即 magazine（杂志）。

四

一本书，不过是作者思想之再生。这些思想的价值，一方面，是在于它们的**质料**，即他所**思考**的是什么**东西**；另一方面，还在于它们的形式，即他处理**质料**的方式，或说他以**什么**方式来思考这些东西。

一本书究竟**思考什么**，这是纷纭繁复的。它给书本赐予无尽的良机。这包括所有经验的质料，即任何实际存在的历史事件和物理事件都可纳入一本书的内容。决定性的独特性质一般都是由**客体**[①]决定的，因此，无论一本书的作者是谁，这本书的**客体**本身就会使其成为影响重大的书籍。

就一本书叙述的**方式**看，决定性的独特性质一般都是由**主体**[②]决定。这本书的主题可能所有人都熟谙或知晓，但是，包容这些主题的形式，即思想的**表述方式**，却在此举足轻重，决定该书的价值。而这一切的根源在于主体。所以，假如这本书本身被称道为举世难匹、令人仰慕，那么，其作者也会受此盛誉。由此看来，假如这部书归之于其内容的东西越微不足道（即便这些内容众人皆知、广泛使用），那么，这本值得一读的书，其作者的名气就会越大。例如，我们只要看一看三部伟大的希腊悲剧[③]就

---

① 客体即指作者所要陈述的“客观对象”。

② 主体即指作者在陈述中的“主观意识”。

③ 三部伟大的希腊悲剧即埃斯库罗斯的《阿伽门农》、索福克勒斯的《厄勒克特拉》和欧里庇得斯的《厄勒克特拉》。这三部悲剧都采用希腊神话中的厄勒克特拉为父（阿伽门农）报仇的故事。

明白了，它们写的是同一内容。

因此，当一本书声名大噪时，你应当断然确定，它究竟是凭借它的内容还是凭借它的形式。芸芸众生更热衷于内容，而不是形式。在面对诗歌类的作品中，他们以最荒诞可笑的行径表现出了这种倾向。在这里，他们竭尽全力拼命地追踪真实事件或个人境遇这些完全是偶然出现于作品的东西，而这的确比作品本身更能引发他们的兴趣。所以，他们与其说是**读歌德的书**，还不如说是在**打探歌德本人**，与其说是在研究《浮士德》这部著述，还不如说是一本正经地在钻浮士德神话传说的牛角尖。这种轻视形式而对质料的偏爱，就像一个面对美丽诱人的伊斯特拉坎[①]花瓶的家伙，为了对土坯的质地进行化学分析，而忽视其形式和彩绘的魅力。

五

思想，一旦上升到言谈的水平，其真实的生命也就终止了。在此，它僵化了，因而也就死亡了。然而，它却又像僵固的史前动植物一样，成为难以完全毁灭的东西。一旦我们的思想变为语词，它即失去其真诚性或在根本上失去其严肃性。当它开始为他人而生存后，它便不再作为我们生命的一部分为我们而生存了；就像婴儿进入其自身的生存天地时，总是急于切

① 伊斯特拉坎，即古意大利。

断与母体的联系①。

六

神态，即心灵之外观。它比肉体更少欺骗性。模仿他人的神态即是戴上一副面具。不论这副面具多么美丽，其毫无生气的实质，都会使它在人们眼中旋即成为枯燥乏味的东西，成为不可能有流传价值的东西。因而，人们宁可喜爱那些最丑陋的活人的面孔。

神态上的装模作样可以比作戴假面具的行为。

七

文学期刊，应该成为一道堤坝，去阻挡由我们时代那些无原则的粗制滥造之士们掀起、由低劣和无价值的书所组成的一浪又一浪的狂澜。这些期刊应具有毫不堕落的、正直的、严谨的判断力。它们应当毫不留情地扫除那些凑合之作，即那些由没有才气的人炮制给那些头脑空空如也的人填塞他们皮囊的东西，这些东西占了全部书籍的十分之九。因此，期刊的职责要求它们同那些庸俗琐碎、坑人钱财的东西作斗争。假如不和这些低劣的东西抗争，它们到头来就会弘扬这样的东西：卑微低贱地使自己与那些作者和出版商同流合污，携手并肩地去抢劫公众的时间和金钱。

① 意即婴儿一出生就被剪断与母体连接的脐带。

现在的期刊撰稿人，一般来说都是出于低工资或低收入，为挣钱而写作的教书匠和文化人，因此，他们这些人都有一个共同的目的，共同的兴趣；他们抱成一团，互相提携，互相吹捧。这就是充斥文学期刊上那些为低劣书所写的赞美书评之根源。它们的格言是：你好我好，大家都好！

笔名，这个为了防护任何形式的文学丑闻的东西，应当寿终正寝。在文学期刊中，之所以要引入这个东西，是因为人们借此可以保护直言不讳的批评家免遭作者和赞助人的恶意攻击。不过，对这一种情形，我们可以举出上百个理由来反驳它，即：它使批评者可以毫不负责地为了从出版商那里得到一点恩施而推荐书。这些批评者不能出来为他们所写的东西公开辩护，甚至不能遮掩由他们的腐败和平庸所带来的羞耻。这种署笔名的情形，通常只会有助于掩藏批评者的暧昧、无能以及空洞。

人们难以相信，一旦这些家伙知道他们本身是庇荫于笔名这棵大树之下后，将会多么肆无忌惮地制造出令人发指的文学丑闻。

卢梭[①]在其《新爱洛绮丝》的序言中曾指出：每一个诚实的人都会在他所写的东西上署上自己的名字；而且，一般说来，这个正命题可以反过来使用[②]。这特别适用于那些批评性的文章，而书评通常总是批评性的！

---

① 卢梭（1712—1778），法国启蒙哲学家。

② 意即署上真名的作者大凡是诚实的。

八

若要对一个作者的价值作出一个一般性评价，并不一定要去知道他思考的是什么或以什么方式表述其思考，因为这意味着去阅读他所写的每一部著作。首先要知道他如何思考，这就足矣。其次，他的风格，就是他如何思考或者说他的根本气质和主要素质的实际表达。因为，这可以揭示出一个人思考的全部“形式本质”。无论他思考的是什么或以什么方式表述其思考，这一点都是确定不变的。这就像一块面团，人们可以用它塑造千姿百态的形象。同样的情形是：当人们问欧伦斯皮格尔[1]需要多少时间才能到达另一个城镇时，他向他的提问者作了这样一个回答：“看看这个就行了！”就如从欧伦斯皮格尔的脚步中就可以推出他需要多少时间，我们只要读上一个作者的几页书，也多少可以知道究竟能从他的书里获益多少。

任何著作，若要具有优异风格，所需的充足条件中的第一个条件就是：**言之有物**。三流作家的著作之所以空洞乏味、枯燥不堪，多半是因为他们都糊里糊涂地不知在说些什么。也就是说，他们并未真正理解他们所说语词的含义，因为他们拥有的某些东西是作为现成的或完成了的东西而习得和接受的。所以，他们与其说在和单个语词打交道，不如说是在和一连串语句打交道。这就是他们的作品缺乏清晰性的原因所在。由于这一点，他们没有为观念注入清晰性，也就没有个体性的清晰思维。我们所看到的，是乱成一团

① 欧伦斯皮格尔，德国古代传说中的智者。

的混乱用语，流行的语句、陈旧的习语或时髦的表述。结果，所产生的令人眼花缭乱的效果就如在一幅现存的画面上又画了一幅画。

就上面提及的**枯燥乏味**来看，我们可以在此补充一点：根据我们的一般观察，有两种类型的枯燥乏味，即客观类型和主观类型。客观的类型，在于作者缺乏提出问题的能力，也就是说，他实际上并不清楚自己所传递的是什么观点或信息。因为清晰知道这一点的人会以直接的方式传递他所知道的东西，所以在任何地方其概念都是清晰的、明白的。他既不会啰嗦，也不会暧昧，更不会糊涂，因而也就不会令人枯燥乏味。即便他的主要观点是错误的，但在表达过程中他的思路仍然是清晰明了的，也就是说，至少在形式上是正确的；因而，他写的东西仍有几分价值。反之，客观上枯燥乏味的作品，出于上述原因，却在任何方面都没有价值。**主观上**的枯燥乏味，与客观上的相反，只是相对的。在读者方面，觉得枯燥乏味可能是出于对主题缺乏兴趣。而这，也可能是读者的局限性。所以，即便是最受赞扬的作品，也可能在主观上对这样或那样的读者显得枯燥乏味；相反，即便是最低劣的作品，在客观上也可能被这样或那样的读者欣赏，因为这件作品的主题或作者本人可能使他们感兴趣。

含混不清和暧昧不明的表达，在任何时候、任何地方都是非常恶劣的症候：百分之九十九的情形下，它们都是出自思索的暧昧不明，而思索的暧昧不明又是出自思想本身的不连贯和不协调，因而是出于思想的虚假与错误。假如正确的思想在头脑中诞生，那么，随即就会去寻求思路的清晰，而且很快就会做到这一点。而清晰地加以思考的东西是很容易找到适应自身的表达的。

这种思想，一个人总能用清晰明了的、毫不含混的语词来表达。那些在言谈中充斥着难解、含混、东拉西扯的东西的人，根本就不知道他所说的究竟是什么。他不过是含含糊糊地意识到那些竭力想变成思想的东西。而且，他们通常会在他人面前装模作样，以掩饰他们实际上一无所知的真相。

真理是完全裸露的东西，其表达越简洁，其影响越深远。例如，对人类生存之空虚状态的揭示，有谁比约伯①说的话给人的印象更深刻？他说："出于母腹的人类好命不长。他充满烦恼和忧虑。他开初宛如一朵花，旋即便被撷取。他行如幻影，然后化为虚无。"正是出于这种理由，歌德的那些充满天真活力的诗作，远比席勒②的那些具有理论色彩的诗作更为高明。也正是这一点，说明了许多民歌之所以会产生深远博大的影响的原因。任何人为造作的东西，都是带有偏见的。

九

风格**不应是**主观的，而应是客观的。客观的风格，即指在一部作品中，语言的铺陈应使读者不知不觉地不得不按作者所思考的那样去思考。不过，要做到这一点，必须首先让作者认识到，他所表达的思想应当在这样的程度上遵从规则，即：这些思想从头脑到纸面的过程，应当比它们从纸面到头脑的过程更容易；因

① 约伯，《圣经·约伯记》中的主人公。
② 席勒（1759—1805），德国诗人、剧作家，歌德的挚友。

此，在后一过程中，我们才会尽其所能地予以配合。假如这一点做到了，语词就以纯粹客观的方式发挥作用，就像一幅完成了的油画。而那些主观性的风格，其影响不过是像墙上的一系列斑点一样，只有那些想象力丰富的人，才会有机会受这些东西的激发，看出它们的形状和图样。该区分同样适用于交往的整个形式，也可以在一些书的个别篇章中看到。例如，我刚刚在一本新书上读到："我之所以写作，并不是为现存书籍增加一点数量。"这里所说，与作者所想的正相反，因而不过是废话。

十

那些马马虎虎写作的人，都清楚不过地表明，他们自己也不认为他们的思想有多少价值。

十一

极少有人写作像建筑师设计房子，先作出规划，然后对最细小的问题也深思熟虑一遍。多数人的写作就像玩多米诺骨牌。他们的句子就像多米诺骨牌游戏那样连接在一起，一个接一个，有些是精心放置，有些则是随意安插。

十二

造句艺术的指导原则是：人类在一个时间内只能清晰地思考

一个问题，因而，不要让他去思考两个问题，更不要让他在同一时间思考两个以上的问题。但是，现今人类所面临的正是，大量插句被用在句子构造中；为了适应插句，句子的和谐就被打断，于是便出现了不必要的而且是可怕的混乱。在这方面，用德语写作的作家是最恶劣的捣乱者。他们运用德语是因为它比其他语言更得心应手。可以说，这是事实，但不能为此开脱。人们都赞叹说，没有任何语言比法语更令人愉快和简单易懂，就在于法语摆脱了这个错误。法语写作的作家尽可能地按最合逻辑和自然法则的方式，把他们的思想前后连贯地放在其读者眼前；读者因而可以专心致志地注意每一个思想。相反，德语却一而再、再而三地把思想搅在一起；因为德国人固执地想一次说出六件事情，而不是一件一件地先后说出。

德国人的真正民族特性是**笨拙**。这表现在他们的步调、他们的行为、他们的语言、他们的言谈、他们的叙事方式、他们的理解和思维方法，尤其表现在他们的**写作风格**上。他们以冗长、晦涩、繁琐为乐事，而我们的记忆要在忍耐和无助中承载五六分钟的重负，直到理性变为行动，字谜才最终解开；德国人却以此为乐。

十三

任何一种文学素质，都不可能从阅读表现出这种素质的作家的作品中获得。不过，假若我们早已具有某种诸如自然潜能式的素质，那么，我们则可以通过读书去唤醒它，意识到它，看它是如何形成的，并使它在我们的性格中固定下来；甚至鼓起勇气去使用它，判断出它的功效而正确地使用它。而只有这个时候，我们才真正具有这种素质。因而，这是读书有助于写作的唯一方式，即：读书使我们把自己的天赋才能显现出来。所以，只有当我们具有这种才能时，读书才会引导我们。假若我们本身并不具备天赋才能，那么读书只能使我们学会一点僵硬的装模作样，以及变为一个矫揉造作的模仿者。

十四

就像地球的岩层里保留着以往时代生命物体的自然演进一样，图书馆的书架上保留着过去的谬误及其影响。和前者一样，这些东西一度也曾栩栩如生、显赫一时，现在也躺在冰冷僵硬、只有文学考古者才会光顾的地方。

十五

据希罗多德[①]说，薛西斯一世[②]看着他的浩浩荡荡的军队，泪流满面地想到，一百年后，所有这些人没有一个还能活着。同样，面对当年出版的成千上万的书，谁都会潸然泪下地想到，一年后，所有这些书没有一本还会有用。

---

① 希罗多德（约前484—前425），古希腊历史学家，有“历史学之父”之称。

② 薛西斯一世（约前519—前465），希波战争时的波斯国王。

十六

不读书的艺术，是一门非常高超的艺术。它的宗旨是：对大众感兴趣的东西，任何时候都不要关心。当某本政治的或宗教的小册子、某本小说或诗集声名大噪时，你只需记住：只有为愚不可及的人写作的作者，才会拥有大量读者。读好书的第一前提是不读坏书，因为人生短促，时间有限。

十七

买书，只有当人们同时也得到读这些书的时间后，才是一件善事。然而，通常情形是：买了书，便被认为占有了书里的一切。

十八

在世界历史领域，半个世纪是一个相当有研究价值的周期。因为在这段时间里，其内涵不断变化，某种事件总是不断换新。相反，在文学的历史中，半个世纪根本算不上什么时间。因为没有发生什么事情，和五十年前几无差别。

我希望有一天，有人会写一本《文学悲剧史》，以此揭示出今天竭尽全力给予伟大作家以最高荣誉的那些国家，当初在这些作家还活着的时候是怎样对待他们的。在这本书里，作者将为读者形象地揭示出，在不同的时代，善良和真诚是怎样跟总是占优势的邪恶和愚顽相抗争的；同时为读者描绘出所有真诚的启蒙者的形象，所有真正的艺术大师的形象；并让读者知道，除个别例外，他们几乎全都生活在穷困潦倒之中，不被承认，不被同情，更没人跟随，而他们呢，都把虚名、荣誉、富贵看得一钱不值。

十九

“重复乃学习之母。”任何重要的书，都应及时读上两遍。因为在第二次阅读中，我们会对书里所涉及的问题有进一步的理解，而且只有当了解了结尾时，才会理解开始。甚至，还因为第二次阅读，我们对书里的每一个段落都会有不同的感受和领悟，因而，会获得不同的印象，就如我们用不同的眼光看同一个对象。

作品是心灵的**精华**。因而，即便一个人具有超人的智慧，我们读他的书仍比接触他本人有更大的价值。

再没有比读古人的经典著作更心旷神怡的事了。即便我们花半个小时浏览一下其中的一本，也会有舒畅、沉静、超脱之感，就像喝到了山上流下来的清澈的泉水一样。这到底是由于古人的语言之完美呢，还是由于在千年不受歪曲篡改的作品中保存着的古人的心灵之高洁？也许，两者都是。

有两类**历史**，一类是**政治史**，另一类是文学和艺术史。前者是**意志**的历史，而后者是**智慧**的历史。因而，前者通常是警世或惊世的，充满了恐怖、惧怕、烦恼、欺诈乃至可怕的杀戮。相反，后者在任何时候都如智者之独处，都是宁静而愉悦的，即便在用历史教训告诫人们之时，也是这样。文学史的主干是哲学史。哲学其实就如大提琴，在文学史合奏中形成低音部，它的声音虽低沉，却贯穿于整个合奏，而且在根本上起着主导作用。唯有哲学，才是世界的真正统治者。因而，人们应该认识到，哲学是各种力量中最强有力的，虽然它发力总是比较缓慢。

秦默然　译

读书漫谈

[英] 查尔斯·兰姆

查尔斯·兰姆(Charles Lamb 1775—1834),英国散文家、评论家。出生于伦敦,年少失学,后在东印度公司当职员,自学成材。曾和姐姐玛丽·兰姆一起编写《莎士比亚故事集》,并以伊利亚为笔名在《伦敦杂志》发表系列散文,后结集为《伊利亚随笔集》,多为自传体,文风亦庄亦谐,情调感伤,笔调奇特别致,遐迩闻名。本文为其中的一篇,可谓集上述特点于一身,谈他自己的读书经验:先说他不喜欢哪些书(当然,这是他的个人好恶,并非这些书一无是处),再说他喜欢哪些书(大凡是文学名著,也不排斥通俗文学),接着说读报不如读书,最后说到一些读书趣闻,并引用他姐姐玛丽·兰姆的两段诗,不无伤感又不无幽默地为全文添上了浓浓的一笔:穷书生没书读,就如饿汉没饭吃,哀哉!哀哉!

把心思用在读书上,不过是想从别人绞尽脑汁、苦思冥想的结果中找点乐趣。其实,我想,一个有本领、有教养的人,灵机一动,自有奇思妙想联翩而来,这也就尽够他自己受用的了。

——《旧病复发》[1] 中福平顿爵士的台词

我认识的一位生性伶俐的朋友，听了爵爷这段出色的俏皮话，在敬佩之余，完全放弃了读书；从此他遇事独出心裁，比往日大有长进。我呢，冒着在这方面丢面子的危险，却只好老实承认：我把相当大一部分时间用来读书了。我的生活，可以说是在与别人思想的神交中度过的。我情愿让自己淹没在别人的思想之中。除了走路，我便读书，我不会坐在那里空想——自有书本替我去想。

在读书方面，我百无禁忌；高雅如夏夫茨伯利[2]，低俗如《魏尔德传》[3]，我都一视同仁。凡是我可以称之为“书”的，我都读。但有些东西，虽具有书的外表，我却不把它们当作书看。

在 biblia a-biblia（非书之书）这一类别里，我列入了《宫廷事例年表》《礼拜规则》、袖珍笔记本、订成书本模样而背面印字的棋盘、科学论文、日历、《法令大全》、休谟[4]、吉本[5]、洛伯森[6]、毕谛[7]、索姆·钱宁斯[8]等人的著作，以及属于所谓

---

① 《旧病复发》，又名《美德遇险记》，英国王政复辟时期的戏剧家约翰·凡布卢（1664—1726）所写的喜剧，福平顿爵士是剧中一个人物。

② 夏夫茨伯利伯爵，即安东尼·阿什莱·库伯（1671—1713），英国伦理学家，著有《关于道德的探索》。

③ 《大伟人江奈生·魏尔德传》，菲尔丁的小说，写一个强盗头子的一生并尖锐讽刺了当时的英国社会。

④ 大卫·休谟（1711—1776），英国哲学家和历史学家，苏格兰人。

⑤ 爱德华·吉本（1737—1794），英国著名历史学家，著有《罗马帝国衰亡史》。

⑥ 威廉·洛伯森（1721—1793），苏格兰历史学家。

⑦ 詹姆士·毕谛（1735—1803），英国伦理学教授。

⑧ 索姆·钱宁斯（1704—1787），英国神学家，著有《论罪恶的本性与起源》及《基督教内证管窥》。

“绅士必备藏书”的那些大部头；还有弗莱维·约瑟夫斯[①]（那位有学问的犹太人）的历史著作和巴莱的《道德哲学》[②]。把这些东西除外，我差不多什么书都可以读。我庆幸自己命交好运，得以具有如此广泛而无所不包的兴趣。

老实说，每当我看到那些披着书籍外衣的东西高踞在书架之上，我就禁不住怒火中烧，因为这些假圣人篡夺了神皇，侵占了圣堂，却把合法的主人赶得无处存身。从书架上拿下来装订考究、书本模样的一大本，心想这准是一本叫人开心的“大戏考”，可是翻开它那“仿佛书页似的玩意儿”一瞧，却是叫人扫兴的《人口论》。想看看斯梯尔[③]或是法夸尔[④]，找到的却是亚当·斯密[⑤]。有时候，我看见那些呆头呆脑的百科全书（有的叫“大英”，有的叫“京都”），分门别类，排列齐整，一律用俄罗斯皮或摩洛哥皮装订，然而，相比之下，我那一批对开本的老书却是临风瑟缩、衣不蔽体——我只要能有那些皮子的十分之一，就能把我那些书气气派派地打扮起来，让派拉塞尔萨斯[⑥]焕然一

---

① 弗莱维·约瑟夫斯（37—约98），犹太学者，著有《犹太战争史》与《犹太古史考》。

② 威廉·巴莱（1743—1805），英国神学家，著有《道德哲学与政治哲学》、《自然神学》与《基督教的证据》。

③ 理查·斯梯尔（1672—1729），英国著名散文家。

④ 乔治·法夸尔（1678—1707），英国王政复辟时期的喜剧家，爱尔兰人。

⑤ 亚当·斯密（1723—1790），英国著名经济学家，苏格兰人，主要著作为《原富》。（按：作者在上面列举了一批他所不喜欢的作者和书，其中包括了著名的历史家吉本和经济学家亚当·斯密。他这样说，是从一个文学爱好者的个人兴趣出发的；从学术上来说，《罗马帝国衰亡史》《原富》这样的著作的价值是不能否认的。）

⑥ 菲力浦斯·奥里拉斯·派拉塞尔萨斯（1493—1541），瑞士炼金术士、占星学家和医生，欧洲中古时代的“奇人”。

新，让雷蒙德·拉莱[①]能够在世人眼中恢复本来面目。每当我瞅见那些衣冠楚楚的欺世盗名之徒，我就恨不得把它们身上那些非分的装裹统统扒下来，穿到我那些衣衫褴褛的旧书身上，让它们也好避避寒气。

对于一本书来说，结结实实、整整齐齐地装订起来，是必不可少的事情，豪华与否倒在其次。而且，装订之类即使可以不计工本，也不必对各类书籍不加区别，统统加以精装。譬如说，我就不赞成对杂志合订本实行全精装——简装或半精装（用俄罗斯皮），也就足矣。而把一部莎士比亚或是一部弥尔顿（除非是第一版）打扮得花花绿绿，则是一种纨绔子弟习气。

而且，收藏这样的书，也不能给人带来什么不同凡响之感。说来也怪，由于这些作品本身如此脍炙人口，它们的外表如何并不能使书主感到高兴，也不能让他的占有欲得到什么额外的满足。我以为，汤姆逊的《四季》[②]一书，样子以稍有破损、略带卷边儿为佳。对于一个真正爱读书的人来说，只要他没有因为爱洁成癖而把老交情抛在脑后，当他从“流通图书馆”借来一部旧的《汤姆·琼斯》[③]或是《威克菲牧师传》[④]的时候，那污损的书页、残破的封皮以及书上（除了俄罗斯皮以外）的气味，该是多么富有吸引力呀！它们表明了成百上千读者的拇指曾经伴着喜悦的心情翻弄过这些书页，表明了这本书曾经给某个孤独的

---

① 雷蒙德·拉莱（约 1235—1315），西班牙哲学家，神秘主义者，欧洲中古时代的“奇人”。

② 詹姆斯·汤姆逊（1700—1748），英国诗人，《四季》为其代表作。

③ 《汤姆·琼斯》，英国小说家亨利·菲尔丁的名著。

④ 《威克菲牧师传》，英国作家奥利佛·哥尔斯密（1730—1774）的小说。

缝衣女工带来快乐。这位缝衣女工、女帽工或者女装裁缝，在干了长长的一天针线活之后，到了深夜，为了把自己的一肚子哀愁暂时浸入忘川之水，好不容易挤出个把钟头的睡眠时间，一个字一个字拼读出这本书里的迷人的故事。在这种情况之下，谁还去苛求这些书页是否干干净净、一尘不染呢？难道我们还会希望书的外表更为完美无缺吗？

从某些方面说，愈是好书，对于装订的要求就愈低。像菲尔丁、斯摩莱特[①]、斯特恩[②]以及这一类作家的书，似乎是版藏宇宙之内，不断重印，源源不绝。因此，我们对于它们个体的消灭也就毫不可惜，因为我们知道这些书的印本是绵绵不断的。然而，当某一本书既是善本，又是珍本，仅存的一本就代表某一类书，一旦这一孤本不存，那就是——

天上火种何处觅，
再使人间见光明？

例如，纽卡塞公爵夫人[③]写的《纽卡塞公爵传》就是这么一本书。为把这颗文学明珠加以妥善保存，使用再贵重的宝盒、再坚固的铁箱都不算过分。

不仅这一类的珍本书，眼见得重版再印渺渺无期，就是菲利

---

① 托比亚斯·乔治·斯摩莱特（1721—1771），英国小说家，著有《兰登传》等。

② 劳伦斯·斯特恩（1713—1768），英国小说家，著有《感伤的旅行》等。

③ 纽卡塞公爵夫人，名玛格利特（约1624—1774），英国女作家，写了一部她丈夫纽卡塞公爵的传记。兰姆对她评价很高。

普·锡德尼[①]、泰勒主教[②]、作为散文家的弥尔顿以及傅莱[③]这些作家，尽管他们的著作的印本已经流行各地，成为街谈巷议之资，然而由于这些作品本身始终未能（也永远不会）成为全民族喜闻乐见之文、雅俗共赏之书，因此，对于这些书的旧版，最好还是用结实、贵重的封套好好保存起来。我并无意搜求第一版的莎士比亚对开本。我倒宁愿要尼古拉·罗和汤森[④]的通行本。这种版本没有注释，插画虽有但拙劣之极，仅足以起那么一点儿图解、说明原文的作用而已。然而，正因为如此，它们却远远胜过其他莎士比亚版本的豪华插图，原因是那些版画太不自量，竟然妄想与原文争个高下。在对于莎剧的感情上，我和我的同胞们心心相印，所以我最爱看的乃是那种万人传阅、众手捧读的版本。对于鲍门和弗来彻[⑤]却恰恰相反——不是对开本，我就读不下去；八开本看着都觉得难受，因为我对它们缺乏感情。如果这两位作家像那位诗人那样受到万口传颂我自然读读通行本也就心满意足，而不必仰仗旧版了。有人把《忧郁的剖析》[⑥] 一书加以翻印，真不知是何用心。难道有必要把那位了不起的怪老头的尸

① 菲利普·锡德尼（1554—1586），英国文艺复兴时期著名诗人，著有《为诗辩护》等。

② 耶利米·泰勒（1613—1667），英国主教和散文家。

③ 托马斯·傅莱（1608—1661），英国牧师和散文家。

④ 尼古拉·罗（1674—1718），英国作家和莎剧编订者，他所编辑的莎士比亚全集由当时的出版商汤森先生出版。

⑤ 弗兰西斯·鲍门（1584—1616）、约翰·弗来彻（1579—1625），与莎士比亚同时代的两个英国戏剧家，两人合写了一批剧本。

⑥ 《忧郁的剖析》，英国牧师和散文家罗伯特·伯尔顿（1577—1640）的作品。原计划写一部分析治疗忧郁病的医学论著，结果写成了一部旁征博引且富有文学趣味的散文“杂著”。

骨重新刨出来，裹上时髦的寿衣，摆出来示众，让现代人对他评头论足吗？莫非真有什么不识时务的书店老板想让伯尔顿变成家喻户晓的红人吗？马隆[1]干的蠢事也不能比这个再糟糕了——他买通了斯特拉福教堂的职员，得到许可把莎翁的彩绘雕像刷成一色粉白；那雕像的原貌尽管粗糙，却甚逼真，就连面颊、眼睛、须眉、生平服装的颜色也都一一描画出来，虽不能说十全十美，总算把诗人身上这些细部给我们提供了一个唯一可靠的见证。但是，这一切都被他们用一层白粉统统覆盖了。我发誓如果我那时恰好是沃里克郡[2]的治安法官，我定要将那个注释家和那个教堂职员双双套上木枷，把他们当作一对无事生非、亵渎圣物的歹徒加以治罪。

我眼前似乎看见他们正在现场作案——这两个自作聪明的盗墓罪犯。

我有个感觉，直说出来，不知是否会被人认为怪诞？我国有些诗人的名字，在我们（至少在我）耳朵里听起来要比密尔顿或莎士比亚更为亲切有味，那原因大概是后面这两位的名字在日常谈话中翻来覆去说得太多，有点俗滥了。我觉得，最亲切的名字，提起来就口角生香的，乃是马洛[3]、德雷顿[4]、德拉蒙[5]和

---

① 艾德蒙·马隆（1741—1812），英国莎士比亚学者，编有一部莎士比亚全集。

② 莎士比亚故乡爱文河上的斯特拉福，在沃里克郡内。

③ 克里斯朵夫·马洛（1564—1593），英国戏剧家，写有《浮士德博士的悲剧》等。

④ 迈克尔·德雷顿（1563—1631），英国诗人。

⑤ 德拉蒙（1580—1649），名叫威廉，英国诗人、作家。

考莱[1]。

读书在很大程度上取决于时间和地点。譬如说，开饭前还有五六分钟，为了打发时间，谁还能耐心拿起一部《仙后》[2] 或者安德鲁斯主教[3]的布道文来读呢？

开卷读弥尔顿的诗歌之前，最好能有人为你演奏一曲庄严的宗教乐章。不过，弥尔顿自会带来他自己的音乐。对此，你要摒除杂念，洗耳恭听。

严冬之夜，与世隔绝，温文尔雅的莎士比亚不拘形迹地走进来了。在这种季节，自然要读《暴风雨》或者他自己讲的《冬天的故事》[4]。

对这两位诗人的作品，当然忍不住要朗读——独自吟哦或者（凑巧的话）读给某一知己均可。听者超过两人——就成了开朗诵会了。

为了一时一事而赶写出来、只能使人维持短暂兴趣的书，很快地浏览一下即可，不宜朗读。时新小说，即便是佳作，每听有人朗读，我总觉讨厌之极。

朗读报纸尤其要命。在某些银行的写字间里，有这么一种规矩：为了节省每个人的时间，常由某位职员（同事当中最有学问的人）给大家念《泰晤士报》或者《纪事报》，将报纸内容全部

---

① 亚伯拉罕·考莱（1618—1667），英国诗人。

② 《仙后》，英国诗人艾德蒙·斯宾塞（约1552—1599）的著名长诗。

③ 朗斯洛特·安德鲁斯（1555—1626），英国主教，曾参加著名的詹姆士王《钦定本圣经》的英译工作。

④ 莎士比亚的剧本几乎都是他人作品的改写，唯有《冬天的故事》为其原创，故而说“他自己讲的《冬天的故事》”。

高声宣读出来，以利公众。然而，提着嗓子、抑扬顿挫地朗诵的结果，却使听者兴味索然。理发店或酒肆之中，每有一位先生站起身来，一字一句拼读一段新闻——此系重大发现，理应告知诸君——另外一位接踵而上，也念一番“他的”选段——整个报纸的内容，便如此这般，零敲碎打地透露给听众。不常读书的人读起东西来速度就慢。如果不是靠着那种办法，他们当中恐怕难得有人能够读完一整张报纸。

报纸能引起人的好奇心。可是，当人读完一张报纸，把它放下来，也总有那么一种惘然若失之感。

在南都饭店，我见过一位身穿黑礼服的先生，拿起报纸，一看半天！我最讨厌茶房不住地吆喝：“《纪事报》来啦，先生！”

晚上住进旅馆，晚餐也定好了，碰巧在临窗的座位上发现两三本过期的《城乡杂志》（不知在从前什么时候，哪位粗心的客人忘在那里的），其中登着关于密约私会的滑稽画：《高贵的情夫与格夫人》《多情的柏拉图主义者[①]和老风流在一起》，这都说不清是哪辈子的桃色新闻了。此时此地，还能有什么读物比这个更叫人开心呢？难道你愿意换上一本正儿八经的书吗？

可怜的托宾最近眼睛瞎了，不能再看《失乐园》《考玛斯》[②]这一类比较严肃的书了，他倒不觉得多么遗憾——这些书，他可以让别人念给他听。他感到遗憾的乃是失去了那种一目十行飞快

① 柏拉图主义者，即主张精神恋爱的人，此处用来，有嘲笑的意味。

② 《考玛斯》，弥尔顿早期写的一个假面舞剧脚本。

地看杂志和看轻松小册子的乐趣。

我敢在某个大教堂的林阴道上，一个人读《老实人》①，被人当场抓住，我也不怕。

可是，有一回，我正心旷神怡地躺在草地上读书，一位熟识的小姐走过来（那儿本是她芳踪常往之地），一瞧，我读的却是《帕美拉》② ——我记得，这是最出其不意的一次荒唐遭遇了。要说呢，一个男子被人发现读这么一本书，也并没有什么叫人不好意思的地方；然而，当她坐下来，似乎下定决心要跟我并肩共读时，我却巴不得能够换上一本别的什么书才好。我们一块儿客客气气读了一两页，她觉得这位作家不怎么对她的口味，站起身来走开了。爱刨根问底的朋友，请你去猜一猜：在这种微妙的处境中，脸上出现红晕的究竟是那位仙女，还是这位牧童呢？——反正两人当中有一个人脸红，而从我这里你休想打听到这个秘密。

我不能算是一个户外读书的热心支持者，因为我在户外精神无法集中。我认识一位唯一神教派③的牧师——他常在上午十点到十一点之间，在斯诺山上（那时候还没有斯金纳大街）一边走路，一边攻读拉德纳④的一卷大著。我对他那种远避尘俗、孑

---

① 《老实人》，法国作家伏尔泰（1694—1778）的哲理小说，嘲讽教会的伪善和专制。

② 《帕美拉》，英国小说家塞缪尔·理查生（1689—1761）的小说，描写一个年轻女仆被她女主人的浪荡少爷所追求，只身出走，最后终于正式结婚的故事。

③ 唯一神教派，基督教中的一派，主张神格只能由一个神代表，反对三位一体说。

④ 纳撒内尔·拉德纳（1684—1768），英国神学家。

然独行的风度常常赞叹，但我不得不承认，这种超然物外、全神贯注的脾气与我无缘。因为，只要在无意之中瞥一眼从身旁走过的一个脚夫身上的绳结或者什么人的一只面包篮子，我就会把好不容易记住的神学知识忘到九霄云外，就连五大论点①也都不知去向了。

还要说一说那些站在街头看书的人，我一想起他们就油然而生同情之心。这些穷哥儿们无钱买书，也无钱租书，只得到书摊上偷一点儿知识——书摊老板眼神冷冰冰的，不住地拿忌恨的眼光瞪着他们，看他们到底什么时候才肯把书放下。这些人战战兢兢，看一页算一页，时刻都在担心老板发出禁令，然而他们还是不肯放弃他们那求知的欲望，而要“在担惊受怕之中寻找一点乐趣”。马丁·伯②就曾经采取这种办法，天天去书摊一点一点地看，看完了两大本《克拉丽莎》③（这是他小时候的事）。突然，书摊老板走过来，打断了他这番值得赞美的雄心壮志，问他到底打算不打算买这部书。马丁后来承认，在他一生中，读任何书也没有享受到像他在书摊上惶惶不安看书时所得到的乐趣的一半。当代一位古怪的女诗人④，根据这个题材，写了两段诗，非常感人而又质朴。诗曰：

我看见一个男孩站在书摊旁，

---

① “五大论点”是基督徒神学要义。
② 即马丁·伯尔尼，作者的一个朋友。
③ 《克拉丽莎》，塞缪尔·理查生的另一部小说，共两卷。
④ 指作者的姐姐玛丽·兰姆。

眼含渴望，打开一本书在看，
他读着、读着，像要把书一口吞下，
这情景却被书摊的老板瞧见——
他立刻向那男孩喝道：
“先生，你从来没买过一本书，
那么一本书你也不要想看！”
那孩子慢慢吞吞地走开，发出长叹：
他真后悔不如压根儿不会念书，
那个老混蛋的书也就跟自己毫不相干。

穷人家有许许多多的辛酸——
对这些，有钱人根本不必操心。
我很快又看见另外一个男孩，
他脸色憔悴，似乎一整天饮食未进。
他站在一个酒馆门前，
望着食橱里的肉块出神。
这孩子，我想，日子真不好过，
饥肠辘辘，渴望饱餐，却身无一文；
无怪他恨不得不懂什么叫吃饭，
他也就无需对着美味望洋兴叹。

刘炳善　译

读书

[美]　拉尔夫·爱默生

拉尔夫·爱默生（Ralph Emerson，1803—1882），美国思想家、散文家、诗人，确立美国文化精神的代表人物。重要著作有《论文集》《代表人物》《英国人的特性》《诗集》和《五日节及其他诗》等。本文选自《论文集》，其要义有二：其一是，读书要凭兴趣，才有最佳效果——为什么？因为人的天性如此，凡不感兴趣的事，很难留下深刻印象，强迫做的事，甚至会有意忘却；若这样读书，有何效果可言？所以，凭兴趣读书，其实是顺应人的天性。其二是，读书要读经典，才有最大收获——为什么？因为可以节省时间。试想，世上的书千千万万，哪些值得读，哪些不值得读，你怎么知晓？你不可能把它们都读一遍。“经典”就是被前人无数次读过而普遍认可的书，就是从千千万万书中筛选出来的真正的好书；它们的数量不会很多，你完全有时间将其读完而收获“书之精华”。否则的话，也许没等你弄明白哪些书值得一读，就已垂垂老矣！

一

如今，粗制滥造的书可以说是随处可见，它们或者是对前人作品的抄袭，或者是内容一知半解、观点模糊不清。这样的书对于我们毫无意义可言。

但是，不可否认，在我们身边仍有一些好书存在。好书犹如良药，可以医治人们思想上的疾病；好书犹如亲人，在我们的生命中占据着举足轻重的地位。

千百年来，那些世界上最具才华和智慧的人们是那么可望而不可即，他们大多离群索居，不喜欢被人打扰，甚至对其亲友也不曾谈及自己的思想。然而，他们却通过自己的著述，以最流畅清晰的语言，将自己的思想向另一个时代的陌生人毫无保留地表达了出来。

好书会使我们获益匪浅，那是高级脑力劳动的结晶。书是一个时代的文化载体，所谓大学教育，其实就是读书——读那些被多数学者公认是迄今为止最能代表科学文化水平的好书。比如在几何学领域，你就必须要去读欧几里得[①]和拉普拉斯[②]的书，否则你便没有资格发表关于几何学的任何看法。当那些思想盲目和固执的家伙发表谬论的时候，我们便会问他是否读过柏拉图的书；因为，在他的书中，这些浅薄之见早已被彻底驳斥过了。假

---

① 欧几里得（约前325—前265），古希腊数学家，被称为“几何之父”。
② 拉普拉斯（1749—1827），法国数学家，“概率论”创始人。

如他们不曾读过他的书，那么他们就没有理由来浪费我们的时间，还是让他们自己到书里去寻找答案吧。

二

然而，尽管大学里都有藏书量巨大的图书馆，却没有专门的教授来指导我们如何读书，而在我看来，掌握正确的读书方法才是最为重要的。在图书馆里，有数以百计的良师益友[①]围绕在我们周围，只是他们被皮革和纸张中的"巫师"[②] 所囚禁。而那些思想家是知道我们的，他们中的一些人已经等待我们两百年、一千年甚至两千年了，他们渴望和我们沟通，向我们表露心声。

最好的读书方法就是顺其自然，而不是对读书的时间和页数作机械的规定。顺其自然地读书，就能够根据各人不同的兴趣来满足各自的求知欲，而不是随随便便翻来翻去，强迫自己读书来打发时间。要读适合自己的书，而不要在劣质书上浪费时间和精力。就如《圣经》在绝大部分欧洲国家是宗教文化的源泉，其他国家的文化其实也都源于某位思想家的书；譬如，哈菲兹[③]在波斯人眼中是天才、孔子被中国人尊为圣人、塞万提斯在西班牙人心中是智者的化身。所以，如果我们对他们的经典著作加以深

---

① "良师益友"指历代思想家。

② "皮革和纸张中的'巫师'"喻书本，过去欧美人的书是用皮革做封面的。

③ 哈菲兹（约 1320—1389），笔名，本名沙姆士乌丁·穆罕默德，波斯"诗圣"。

入研究，同样会获益匪浅而有所长进。让学生按自己的意愿进行少量的精读，或者大量的泛读，都会使他们学有所得。约翰逊博士[①]说："当你站在那里还在思考应该让儿子读哪些书时，其他孩子已经把书都读完了。每天都要读五个小时的书，无论读什么都可以，你很快就会变成学识渊博的人。"

在读书这个问题上，我们应该服从自己的天性，因为凭着个人的兴趣去读，才是最佳的读书状态。自然界总是泾渭分明的，自然规律会对世间存在的一切进行过滤和筛选。书的作者在经过千挑万选之后才会脱颖而出；所有堂堂正正摆在世人面前的书，都是由那些成功人士创作而成的，他们都拥有十足的信心和丰富的思想，并通过他们的著作表达出千千万万的人想说却又说不出来的感受和想法。读那些古老而著名的书，是节省时间的好方法，因为不是优秀之作，是不会被保存下来并流传至今的。毫无疑问，品达[②]、泰伦提乌斯[③]、开普勒[④]、伽利略、培根和莫尔[⑤]是杰出而非凡的学者，但要在当代作家中分清良莠、辨明优劣，却不是那么容易的事情。

既然如此，我们就一定要远离那些浅薄而毫无益处的书，要尽量避开报纸上的那些琐碎的闲谈和小道消息，也不要去读那些

---

① 塞缪尔·约翰逊（1709—1784），常称为"约翰逊博士"，18 世纪英国大文豪，第一部英语词典编纂者。

② 品达（约前 518—前 438），古希腊最伟大的抒情诗人。

③ 泰伦提乌斯（约前 190—前 159），古罗马"喜剧之父"。

④ 约翰内斯·开普勒（1571—1630），德国天文学家、数学家，"开普勒定律"发现者。

⑤ 托马斯·莫尔（1478—1535），英国著名学者，《乌托邦》作者。

在街上或者火车上不用问就能知道的东西。约翰逊博士说，他经常住高级旅馆，并认为这是有头脑的旅行者的最好选择——尽管会多花一点钱，却是值得的，因为在那里可以结识到有教养的同行者，可以获得有价值的信息。同样的道理，读历代名著可以使你接触到最精辟的思想和最生动的例证。我们偶然也会在某条不起眼的破旧小街上找到某件宝贝，但这种可能性非常之小；最有价值的东西，通常要到最好的地方去找。

为了最有效地读书，我在此提出三条建议，希望你能接受：第一，不要读当年出版的新书；第二，不要读名不见经传的书；第三，不要读自己不喜欢的书。就如莎士比亚所说，“无趣之事通常也是无益之事”；所以，你应该学会做自己感兴趣的事。

三

蒙田曾说：“读书的愉悦是含蓄的、渐进的。”不过，我发现有些书是极富生命力和感染力的，它们不会让读者留在原地停滞不前，而是当你一合上书，就成了一个更有思想的人了。我很乐意读这样的书，也非常愿意把这些好书列举出来，即使我为此要写大堆的入门书和语法书，也心甘情愿，因为这对我们那些学识还不十分渊博的读者朋友是有益的；他们也会为此心存感激。

我的阅读经验告诉我，在多如繁星的古希腊作品中，有五位作家的书不可不读。

第一位就是荷马。尽管有蒲柏[①]以及其他众多的博学之士存在，但荷马却可以堪称是其中真正具有智慧与才华的人物。他的史诗语言简洁生动，非常适合普通读者的阅读口味。但与此同时，他的史诗也是希腊文化的真正源头。正如历史是无法更改的，荷马史诗的重要地位也是无可替代的，其影响贯穿整个古希腊文学史。荷马史诗不仅有用希腊文写成的，也有用希伯来文和梵文书写的。人们通过莎士比亚来了解英国的文学；日耳曼民族通过史诗《尼伯龙根之歌》来了解他们古老的文化；西班牙人则凭借《熙德》[②] 来了解他们的历史。乔治·查普曼的英译《荷马史诗》[③] 是最伟大的译作之一，尽管其中最精彩的篇章是用散文翻译的。

不应错过的第二位作家，是著名的希腊历史学者希罗多德[④]。在他所记载的历史中，有大量弥足珍贵的轶闻趣事，这曾经使他本人及其著作受到了某些人的轻视与侮辱。然而现在人们却已经意识到，关于历史，最令人难忘的恐怕就是这些轶闻趣事了。希罗多德的历史著作具有很强的趣味性，也获得了普遍的赞许和公正的评价。

不应错过的第三位作家，是埃斯库罗斯。他是古希腊三大悲剧家中最杰出的一位。他所写的悲剧《普罗米修斯》，和希伯来

---

① 亚历山大·蒲柏（1688—1744），英国诗人。

② 《熙德》（也译《熙德之歌》），西班牙民族史诗。

③ 《荷马史诗》最初的英译本是节译，为18世纪诗人蒲柏所译。乔治·查普曼的《荷马史诗》是全译。

④ 希罗多德（约前484—前425），古希腊“历史学之父”，《历史》（也译《希波战争史》）为其传世之作。

人的《约伯记》[①] 以及挪威人的史诗《埃达》[②] 一样具有重要地位和影响。

第四位作家是柏拉图。关于是否应该谈论到他，其实我一直都有所顾虑。因为我害怕，一旦开了头就会难以收住了。柏拉图与荷马具有一些共性，不过他的思想更为成熟和深刻，因为他已经从一位诗人转变为了一名哲人。与荷马史诗相比，柏拉图充满音乐灵性的“诗作”属于更高一个层次。他就像是一位经验丰富的成年人，而荷马则处于他的年轻时代。柏拉图的“诗作”，不仅立意大胆，而且几乎可以称得上是完美无瑕。他用那把似乎得自于遥远天国的竖琴弹奏着优美的诗章，美得无懈可击。他不仅总结着过去，而且还开启着未来。在他那里，你可以从欧洲的起源与发展历程中去探索当代的欧洲。学识渊博之人是能够预言未来的，柏拉图便是其中的一位。他能知道在时代浪潮中所涌现出来的每一位新人，也能了解当代人文科学里所出现的每一个新的见解。无论你是想全面了解某个问题，还是想知道关于世界知名人士的评价，抑或是想对一些空谈家予以毫不留情的揭露，或者是想发表对至高无上的真理和宗教的看法，你都可以从柏拉图那里寻找到满意的答案。

不应错过的第五位作家，是普鲁塔克[③]。即使是在最小的图书馆里，我们也能够找到他的书。这首先是因为，他的著作十分

① 《约伯记》，原为希伯来人（即犹太人）的古籍，后收入《圣经·旧约》。

② 《埃达》（还有《萨迦》），北欧民族史诗。

③ 普鲁塔克（约46—120），罗马帝国时期的希腊作家，重要著作有《名人传》《道德论》等。

有趣，而且通俗易懂，这一点是非常重要的；其次则是因为，他的作品能够抓住问题的要害；再次是因为，他的书非常的鼓舞人心，可以催人奋进。此外，普鲁塔克在其作品里所展现出来的智慧，还充分体现出希腊文化的精髓所在。于是，你的大脑便会被那些抒情的诗句、精深的哲学思想、英雄们的壮举以及神灵的威严所充实和激励。

能够反映出古希腊社会生活风貌的三部杰作[①]，就分别出自柏拉图、色诺芬[②]和普鲁塔克之手。这三部著作可谓是人类文学史上的瑰宝。尽管普鲁塔克的作品缺乏历史真实性，但书中有关七大圣贤聚会的场景则是对古代礼节的最好反映，其描述就如笛声一样清脆悦耳，又如法国小说一样生动有趣。色诺芬对于雅典礼仪的描述是学习柏拉图的，同时又添加了一些苏格拉底[③]的语言特色。而柏拉图的作品则是集中了各家之所长，生动描绘出了智者相聚的场景，丝毫也不逊色于阿里斯多芬[④]，同时他还运用了苏格拉底式的、具有讽刺意味的词语。

四

现在让我们来谈一谈历史。我们应该以古罗马时代为起点，

① 即柏拉图的《对话录》、色诺芬的《远征记》和普鲁塔克的《名人传》。

② 色诺芬（约前430—前354），古希腊历史学家，重要著作有《远征记》《希腊史》等。

③ 苏格拉底（前469—前399），古希腊“哲学之父”，但无著述，其思想由弟子继承和表述。本文提到的色诺芬和柏拉图均为其弟子。

④ 阿里斯多芬（前448—前380），古希腊“喜剧之父”。

引导学生踏上这段学习之旅。学习的方法多种多样——我们可以让他们读罗马历史学家李维[①]的书，这会是一个相当不错的选择。可是，我们也要选择一本短小精炼的概要性著作来读，比如戈德温·史密斯[②]的书，或者弗格逊[③]的书，都可以，因为他们的概要囊括了普鲁塔克著作中的精髓。贺拉斯是奥古斯丁时期的代表性诗人，塔西陀[④]则是一位博学的历史学家。马绪尔[⑤]能够让学生了解到罗马人的礼节，其中有一些是罗马帝国前期的——然而，即使这样，马绪尔的著作仍然值得一读，而且最好是读原著。读过这些书之后，就应该指导学生去了解一下吉本[⑥]的著作了。吉本用许多趣味盎然的故事来向我们讲述历史，引导我们从一千四百年前一路走来，将沿途的所见所闻向我们娓娓道来。吉本博览群书、思维敏捷，而且富有很强的逻辑性，所以他的书是一定要去读的。尽管他的著作并不十分深奥，却是人类文明发展历史中的一个坐标。他的《自传》《日记》以及《读书摘录》，都是读者不应该错过的佳作。我们可以从这些惊世之作中获得激励，即便是最懒惰的人，也会从此发奋图强。

现在，就让我们的学生沿着历史的轨迹一路走来，停留在君

① 李维（前59—17），古罗马历史学家，著述甚丰，但流传下来的仅《罗马自建城以来的历史》一书。

② 戈德温·史密斯（1823—1910），英国历史学家。

③ 弗格逊（1723—1816），英国哲学家、历史学家。

④ 塔西陀（55—117），古罗马历史学家，重要著作有《历史》和《编年史》等。

⑤ 马绪尔（40—102），古罗马诗人。

⑥ 爱德华·吉本（1737—1794），英国历史学家，史学名著《罗马帝国衰亡史》一书作者。

士坦丁堡被攻陷的那一刻吧。此时，他们正遇到一个极好的机会，有一些值得信赖的人正希望给他们以帮助，把欧洲历史的主要内容传授给他们。

但丁的诗歌[①]是一把钥匙，可以为读者开启进入中世纪意大利的大门，而薄伽丘[②]的《但丁传》，则是一部由一位伟人讲述另一位伟人生平的传记。同样，西斯蒙第[③]的著作《意大利共和国》也使我们受益匪浅。还有盎格鲁时期[④]的十四行诗和书信，也值得一读。通过读海拉姆[⑤]的《中世纪》一书，我们可以了解有关基督教和封建时代的法律知识，这本书对那些通俗易读、但略显粗浅的历史纲要作了必要的补充，使之更为翔实和生动。

罗伯特逊[⑥]的《查理五世传》是帮助我们解读十五世纪英国历史的重要工具。罗伯特逊和哥伦布、路德[⑦]、弗朗索瓦一世[⑧]、亨利八世[⑨]、伊丽莎白一世[⑩]以及亨利四世[⑪]同处于一个时代[⑫]，那是一个播种与成熟的历史阶段，而我们今天的文明，便是其所结下的丰硕果实。

---

① 指但丁的《神曲》。

② 薄伽丘（1313—1375），意大利文艺复兴时期学者、作家，代表作《十日谈》、《但丁传》等。

③ 西斯蒙第（1773—1842），瑞士历史学家、经济学家，现代“经济危机理论”创始人。

④ 盎格鲁时期，指英国古代“盎格鲁-诺曼时期”。

⑤ 此人生平不详，可能是德国历史学家。

⑥ 威廉·罗伯特逊（1721—1793），英国历史学家、作家。

⑦ 马丁·路德（1483—1546），德国宗教改革家。

⑧ 弗朗索瓦一世（1494—1547），法国国王。

⑨ 亨利八世（1491—1547），英国国王。

⑩ 伊丽莎白一世（1533—1603），英国女王。

⑪ 亨利四世（1553—1610），法国国王。

⑫ 这里的“时代”指 15 至 18 世纪。作者本人生活在 19 世纪。

在历史的长河中，伊丽莎白时期[1]是英国历史上思想最为活跃、最为丰富的阶段。这一时期涌现出了大量的伟大人物，包括莎士比亚、斯宾塞[2]、锡德尼[3]、罗利[4]、培根、琼生[5]、赫伯特[6]、多恩[7]、赫里克[8]，以及稍晚一些的弥尔顿[9]、马维尔[10]和德莱顿[11]。

五

最好的书，当然还包括一些自传，如圣奥古斯丁[12]的《忏悔录》、蒙田的《随笔》、赫伯特公爵[13]的《回忆录》和卢梭[14]的《忏悔录》；此外还有吉本、休谟[15]、富兰克林[16]、彭斯[17]和歌德等人的自传。

另外一些与此密切相关的书，就是被称为随笔的作品。其

---

① 伊丽莎白时期，即16世纪英国文艺复兴时期。
② 埃德蒙·斯宾塞（1552—1599），英国诗人。
③ 菲利普·锡德尼（1554—1586），英国诗人。
④ 沃尔特·罗利（1554—1618），英国探险家、作家、诗人。
⑤ 本·琼生（1572—1637），英国诗人、剧作家。
⑥ 乔治·赫伯特（1593—1633），英国诗人。
⑦ 约翰·多恩（1572—1631），英国诗人。
⑧ 罗伯特·赫里克（1591—1674），英国诗人。
⑨ 约翰·弥尔顿（1608—1674），英国大诗人。
⑩ 安德鲁·马维尔（1621—1678），英国诗人。
⑪ 约翰·德莱顿（1631—1700），英国诗人、剧作家、批评家。
⑫ 圣奥古斯丁（354—430），罗马天主教圣徒、神学家。
⑬ 爱德华·赫伯特（1583—1648），英国贵族，诗人、哲学家。
⑭ 让-雅克·卢梭（1712—1778），法国启蒙思想家、哲学家、作家。
⑮ 大卫·休谟（1711—1776），英国哲学家。
⑯ 本杰明·富兰克林（1706—1790），美国政治家、科学家、哲学家。
⑰ 罗伯特·彭斯（1759—1796），英国诗人。

中，路德的《随笔》、斯宾塞的《趣闻录》、包斯威尔[①]的《约翰逊博士传》、艾克曼[②]的《歌德谈话录》和柯勒律治[③]的《随笔》，都是值得我们一读的好书。

有一些书，是我个人极为欣赏和推崇的，如骚塞[④]的有关德意志历史的著作、塞万提斯[⑤]的小说、蒙田的回忆录，以及拉伯雷[⑥]、弥尔顿、斯特恩[⑦]、卡莱尔[⑧]等人的作品，还有才华横溢、整整影响了一个时代的巴尔扎克、兰姆[⑨]、兰德[⑩]和德·昆西[⑪]等人的小说、散文和评论。

除外，还有一类书，我将其称为词汇书，如波顿[⑫]的《忧郁的剖析》，就是这样一本信息量特别庞大的书，读起来就如在一本词汇浩瀚的词典中漫步。这本书又像一张存货清单，告诉我们大量的事实，同时还对学习过程中的各种误入歧途现象作了深入细致的剖析。其实，读词典是一个不错的主意，因为词典里没有虚假的言辞、冗长的阐述，有的只是大量的事实和解释，而事实和解释，前者是历史写作所需要的，后者是诗歌创作的初衷[⑬]。

---

① 詹姆斯·包斯威尔（1740—1795），英国传记作家。

② 约翰·艾克曼（1792—1854），德国诗人，曾做过歌德的秘书。

③ 塞缪尔·柯勒律治（1772—1834），英国诗人、批评家。

④ 罗伯特·骚塞（1774—1843），英国诗人。

⑤ 米盖尔·德·塞万提斯（1547—1616），西班牙小说家、剧作家、诗人，《堂吉诃德》为其不朽之作。

⑥ 弗朗索瓦·拉伯雷（1493—1553），法国作家，《巨人传》为其不朽之作。

⑦ 劳伦斯·斯特恩（1713—1768），英国小说家。

⑧ 托马斯·卡莱尔（1795—1881），英国历史学家、作家。

⑨ 查尔斯·兰姆（1775—1834），英国散文家。

⑩ 瓦尔特·兰德（1775—1864），英国诗人、作家。

⑪ 托马斯·德·昆西（1785—1850），英国散文家。

⑫ 罗伯特·波顿（1577—1640），英国教士、作家。

⑬ 意即：诗歌是诗人对生活的理解和感受。

对于我们这个时代而言，有一类书是极其重要的，那就是科幻作品。我们应当用一种适当的形式来协调想象力、洞察力、理解力和意志力之间的关系。具有神秘色彩和浪漫情调的诗歌虽是最能体现想象力的文学形式，但只是其中的一种。

即便是最拙劣的故事，孩子们也爱听，因为对他们来说，有故事就有乐趣。养家糊口的成年人通常喜欢读小说，因为读上几个小时小说，可以暂时逃离人生。少男少女爱读诗歌，而平庸无聊之人就只好去看电影了[①]。一个人，如果没有智慧，没有思想，在我看来不过是一只可怜的、赤裸的、颤抖的动物，因为智慧和思想是人类的外衣，能给人以温暖和美丽。

世上最好的书，就是那些和《圣经》一样拥有重要地位和作用、值得我们崇奉的宗教书。这些书是每个国家思想文化的结晶。在信奉基督教的国家里，那些庄严、神圣的书里通常都会有希伯来语和希腊语《圣经》中的片断。在信奉印度教的国家里，有《奥义书》《罗摩衍那》和《薄伽梵歌》；在中国，则有体现孔孟之道的文化经典《四书》，还有大量佛教方面的书。除外，还有一些宗教色彩略淡、但却凝聚着最为精深的民族思想和情绪的书，如艾彼科蒂塔斯[②]的《箴言》、马可·奥勒留[③]的《沉思录》和帕斯卡[④]的《思想录》等。

所有这些书都是对普遍真理的精彩表述，它们对我们每个人

---

① 当时的电影还是无声片，大凡是情节简单、动作夸张的闹剧。

② 艾彼科蒂塔斯（55—135），古希腊哲学家。

③ 马可·奥勒留（121—180），古罗马皇帝、哲学家，有“帝王哲学家”之称。

④ 布莱兹·帕斯卡（1623—1662），法国数学家、物理学家、宗教哲学家。

的生活所具有的意义，远胜于当年出版的年鉴或当天出版的报纸。然而，这些书需要你坐下来、静下心认真咀嚼和品味，才能领悟其难以言传的种种妙处。它们会使你脸颊红润、神采飞扬；它们会使你情绪高涨、心跳加速，而你却找不到恰当的语言来表达自己的这种感受。

在与友人交流思想和体会后，作家往往喜欢独处一段时间，以便让自己的各种想法逐渐沉淀成型，然后他才会通过作品将其表达出来。这样表达出来的思想，并不会受白纸黑字的束缚，而是活生生的、有生命力的，能为不同国度、不同生活方式的人们所诠释和理解。

人的生命是如此短暂，纵然每日不倦地读书，也无法把所有的好书都一一读过，所以我们需要他人的帮助。年轻人可以从法语俱乐部和英语俱乐部里借到各种辅助读物。这些机构都分为若干个部门，每个部门都有各自的研究范围。所以，学生们在这类俱乐部里可以得到具有专业知识的研究人员的帮助。人人都会有所收获，而且可以把自己的收获拿出来与人分享。这样一来，什么书值得花时间和精力去读，什么书不值得，就不再是个人的难题了。

陈国光　译

谈读书

[英] 约翰·罗斯金

约翰·罗斯金（John Ruskin 1819—1900），英国批评家、散文家。因通晓诸艺，尤精画论，故有“19世纪英国艺术界‘定音鼓’”之称，其散文立意高远，笔调稳重而典雅。重要作品有文集《现代画论》《建筑七灯》《芝麻与百合》和《威尼斯之石》等。本文选自《芝麻与百合》，形象而生动地谈论“读书”这一抽象主题。先说读一般的好书就如和朋友谈心，读读当然也有好处；接着说，一般的好书其实算不上“书”，真正的“书”是历代伟人的智慧结晶。读这种“书”就如到一座宫殿里去结识一群“高贵人士”，他们个个智力超群、思想深刻，但又往往语焉不详；要听懂他们的谈话，领悟其中的深意，就如开采金矿，要挖掘、要打凿、要冶炼，要不辞辛苦，要全身心投入，才会有所收获，而且只是一点点——因为，智慧就如黄金，稀有而珍贵。

现在的好书——我说的不是坏书——就是把某个你无法和他聊天的人的有益的或愉快的言谈印刷出来给你看。这些书往往很有益，告诉你需要知道的东西；也往往很愉快，好比一位通情达理的朋友和你促膝谈心。栩栩如生的游记、温和而风趣的论著，还有故事生动感人、叙事一丝不苟、即便是悠远的历史人物也写得真实可信的小说——所有这些现时的书，由于教育的逐渐普及而日益增多，成为当今时代独有的特征和财富。对此，我们应该充分感激。如不好好利用这些书，我们应该感到惭愧。可是，如果我们听任它们篡夺真正的书籍的地位，那就可能是彻底的滥用：因为严格说来，这些东西都不是书，只是印刷精美的信件或报纸而已！今天看来，我们友人的信件令人快意，或非看不可；不过，是不是值得保存，则该考虑一番！吃早点时，浏览报纸可能完全适当，但是肯定不能成天地读。即使装订成册——洋洋洒洒的书信汇编，或者有声有色地为你记述去年某个地方的客栈、街巷、气候，或者讲述有趣的故事，或者把某些事件的真实情况告诉你，虽然偶尔翻翻很有意思，但从真正意义上说，这可能根本不是一本“书”，是不可供人“阅读”的。一本书，实质而论，不是谈出来的东西，而是写出来的东西；形诸笔墨，不是仅仅着眼于沟通，而是旨在终古长存。谈话性质的书之所以印刷出来，无非因为作者无法同时和千人万众说话。假如能够做到，他就会那么做——书无非是他的扩音而已。你无法和身在印度的朋友谈话；可能的话，你就会和他谈；可你以写代谈，那仅仅是传递声音罢了。可是，写书不单单是为了扩音，不单单是为了传声，而是要把声音保存下来。作者言之有物，他认为那是真实而有益的，或者优美而有益的；是他认为以前无人道出的，或者是他人无法道出的。所以他非说不可；可能的话，还要说得清清楚楚，悦耳动听；无论如何要说清楚。因为终其一生，他发现的就是这一点东西——这一点真知灼见。这就是他在阳光下的大地上寻觅到的雪泥鸿爪，他决心要把它写下来，世代相传；可能的话，他还要把它镌刻在岩石上，并对读者说："这是我一生的结晶，除此而外，我和你们一样，饮食起居，有爱有恨；我的生命就如一团雾霭，会永远消逝，但这点东西肯定不会消逝；如果我有什么值得你们留念的话，就是这一点东西。"这就是他的"著述"。人微言轻，凭借他所具有的一点真实灵感，这才有了他的铭文，他的经纶。这才有了一本"书"。

或许，你会说，哪有书是这样写出来的？

对此，我要问你：你究竟相不相信世上有诚实和仁慈？你是不是认为智者从来不讲诚信，也毫无善意？我想，大概还没有人可悲到抱有这种想法吧。智者所做的任何事情，只要是本着诚信和善意的态度做的，其结果积攒起来的一点东西，就是一本书，或者一件艺术品，尽管其中难免掺杂令人讨厌的杂质——或粗糙，或拖沓，或矫饰。可是，只要你读之得法，就不难发现那一点真实的东西——那才是全书的精华。

这些书都出自历代最伟大的人物之手，他们或是伟大的政治家，或是伟大的思想家。有这么多书供你选择，而你的一生却很短暂。这道理你以前也听说过，但你可曾衡量和筹划过，这短暂的一生应如何度过？你有没有想过，你读了这本书，可能就没有时间读那本书？——你今天失去的东西，明天可能就无法追回？当你可以和国王或王后交谈时，你是不是还愿意去和马夫或女佣闲聊？既然有这样一座永恒的宫殿向你敞开着：它的客厅就如世界一样广阔，它的历史就如世界一样悠久，古往今来、天南地北的知识精英都聚集在那里；难道你还会认为自己只要和那些凡夫俗子一起挤来挤去，到某处去参观参观，到某处去听听演讲，就有资格受人尊敬了？其实，你随时可以进入这座宫殿，随心所欲地和那些精英为伍，而且你一旦进入后，永远不会被驱逐，除非你自己想退出。而若和那些知识精英为伍，不管是你与生俱来的高贵精神，还是你想超越你周围的在世之人而身居高位的动机，都将经受检验，视其是否合格，是否真诚，而衡量的标准，就是你自己希望在那些已故之人中间占据怎样的位置[①]。

我要再说一句："你自己希望的位置"是要相应作出努力才能得到的。记住，这座昔日的宫殿不同于现在的贵族庄园——它只向勤奋开放，其他都没用。那里的看门人既不能用金钱贿赂，也不会被名气吓倒，更不会受诡计的欺骗。从根本上说，没有诚意的人，或者懒惰愚钝的人，都无法真正进入那里。就如在静谧的圣日尔曼市郊，你走到一座大门前，看门人会这样问你又马上自己回答："你想好没有，你配不配进去？好，请进。你是不是想成为高贵者的伙伴？好，你自身要高贵起来，才能成为高贵者的伙伴。你是不是希望倾听智者的谈话？好，先要学会理解，才能听懂。还有其他要求吗？没有了。如果你不能上升到我们的高度，我们这里是不会将就你的。在世的贵族可能会对你彬彬有礼，在世的哲学家可能会不厌其烦地向你解释他的思想；不过，在我们这儿，我们既不装模作样，也不作解释；如果你想理解我

---

① 此句的意思是：你越熟读经典作家的著作，就越有自我反省的能力。

们的思想，你必须上升到我们的高度；如果你想领略我们的风采，你必须懂得我们的感情。”

就是说，这是你非做到不可的——当然，我承认，这很不容易。总之，你要想置身于这些人中间，就必须热爱这些人。任何许诺都毫无用处。他们看不起你的许诺。你必须热爱他们，而且要这样表明你的热爱：

首先要真心实意地渴望得到他们的教诲，要进入他们的思想。为此，就要善于辨识，而不只是为了从他们那里证实你自己的想法。如果认为写书的人不比你聪明，那就不必去读他们的书了；既然他们比你聪明，他们的想法当然会和你有所不同。

我们谈到一本书时总脱口而出地说：“写得真好，正是我所想的！”其实，应该有这样的感觉才对：“真奇怪！这之前我从未这样想过，但我承认他说得有道理；即使我现在仍没有想通，但我希望有一天会想通的。”因此，尽管不必对作者百依百顺，至少有一点是肯定的，那就是：你要了解的是作者的思想，而不是你自己的想法。要是你认为自己有资格对作者加以评判，过后可以这么做；但首先是要弄清楚他的思想。还有一点也可以肯定，那就是：如果作者的思想有深度，通常你不会一下子就能把握——可以说，要过很长一段时间才会对他的全部思想有所领会。这并不是他没有用清晰的语言表述自己的思想，而是因为他自己也很难说得清清楚楚；更为诡异的是，他有时是不愿直说，而是通过隐晦的语言或寓言的方式说话，好像是故意使你困惑，从而更加为他的思想所吸引。我不太明白其中的缘由，也无从分析这些智者内心深处的那种无情的静默，这使他们总对自己的深思有所遮掩。好像他们把思想给予你，不是为了帮助你，而是奖励你，而且要确信你受之无愧，才允许你获得。这和人们获取思想的物质对应物——黄金，是一样的。如果用人类拥有的全部电力把地壳里存在的黄金一下子挖出来，并集中到某座山的山顶上，那么无论帝王，还是百姓，都知道黄金就在那里，以后不用再费心、费时间、甚至还要冒险去挖掘了，需要多少金币就铸造多少。然而，想必你和我一样，也知道这是不可能的。因为造物主并不是这样放置黄金，而是将其分散在地下无数细小的岩缝里，一眼看去根本不知道在哪里。要有所发现，人们必须苦苦挖掘，而且很可能挖掘多时，竟一无所获。

要想获取人间的智慧，也同样如此。当你拿起一本好书时，你应该先问问自己："我能不能像澳大利亚矿工一样吃苦耐劳？我的铁镐和铁铲是不是很坚固？我的体力行不行？我的袖口有没有卷上去？我的呼吸还正常吗？我的心情是不是很好？"因为，要真正读懂一本好书，需要很长时间，会使你疲惫不堪。不过，即使如此，你也要坚持，因为你要从中获取的，即作者的思想和智慧，是深藏在字里行间的，就如黄金深藏在岩石里，必须用铁镐把岩石凿碎，然后放进熔炉里冶炼，才有所收获。你的铁镐，就是你的心血、你的眼光和你的见识；你的熔炉，就是你的头脑和你的灵魂。不要指望不费力气、不经磨难就能理解作者的思想，而要记住，往往需要经过最有力的打凿和最耐心的冶炼，才会获得一点点真金。

金方卿　译

如何读书

［英］ 弗吉尼亚·伍尔夫

弗吉尼亚·伍尔夫（Virginia Woolf 1882—1941），英国小说家、散文家和文学评论家。出身名门，虽从未上过正规学校，但才华出众，被誉为“20世纪最佳女作家”。重要作品有长篇小说《达罗卫夫人》《到灯塔去》《波浪》、散文集《普通读者》和《普通读者二集》等。本文选自《普通读者》，写得洒脱而又不失周密、自在而又不失严谨，历来被认为是同类文章中别具一格的名篇佳作。本文的要点是：读书要讲究效率，“不能愚昧而徒劳地浪费精力”。那么，如何才能提高效率呢？首先，要有开放的心态，要“设身处地为作者设想——成为作者的合伙人和同谋”，这样才能从书中“读出尽可能多的意蕴”。其次，要用不同的方式读不同的书；譬如，读小说，要用“敏锐的感受力”和“大胆的想象力”，使自己进入小说家所创造的小说世界；读传记和回忆录，要有好奇心，要对那些历史人物的生活细节感兴趣，好像他们是你的邻居或者熟人；读诗歌，则相反，不注意细节，只让自己“沉浸在某种意境中，随某种有规律的、反复出现的节奏而漂浮”，从而感受到诗歌“直截了当的、强烈的”魅力。最后，要对读过的书加以评判——这时你“不再是作者的同伙，而成了他的审判官”，而最好的评判方法，就是比较。为了比较，你心里要有“书的楷模”，这就促使你去读更多的经典名著，而为了理解经典名著之所以“经典”，又促使你去读更多不怎么经典的书，以期比较……这样，你的书就越读越多、越读越精了。

一、读书的自由与限制

关于读书，一个人可以对别人提出的唯一指导，就是不必听什么指导，你只要凭自己的天性、凭自己的头脑得出自己的结论就可以了。我觉得，只有你和我在这一点上意见一致，我才有权提出我的看法或者建议，而且你也不必受我的看法的束缚，以免影响你的独立性。因为，作为一个读者，独立性是最重要的品质；因为，对于书，谁又能制定出什么规律来呢？滑铁卢战役是哪一天打起来的——这种事当然会有肯定的回答；但是要说《哈姆雷特》是不是比《李尔王》更好，那就谁也说不准了——对这样的问题，我们每个人都只能自己拿主意。如果把那些衣冠楚楚的权威学者请进图书馆，让他们来告诉我们该读什么书，或者我们所读的书究竟有何价值，那就等于在摧毁自由精神，而自由精神恰恰是书之圣殿里的生命所在。我们在其他地方或许会有常规和惯例可循——唯有在这里，我们绝不能受常规和惯例的束缚。

不过，为了得到自由，当然也得对自己有所限制。我们不能愚昧而徒劳地浪费精力：为了给一盆玫瑰花浇水，便把半个院子全浇湿。我们必须培养自己准确有力地把握对象的能力。但是，我们在图书馆里可能首先会遇到一个难题，那就是我们的“对象”是什么？粗粗一看，很可能是乱七八糟一大堆：诗歌和小说、历史和回忆录、词典和蓝皮书——各种各样的民族、各种各样的年龄和各种各样性格的男男女女用各种各样的文字写成的各种各样的书，全堆放在那些架子上。窗外有只驴子在叫，几个女人在水槽边闲聊，小马驹在田野里奔跑……我们从哪里开始呢？怎样才能在这一片混沌中理出个头绪来呢？怎样才能最大限度地从自己所读的书中得到乐趣？

说来似乎很简单：既然书有种类（如小说、传记、诗歌，等等），那么我们只要分门别类地找出它们理应给我们的东西就可以了。然而，却很少有人会根据书所能给我们的东西来读书。我们读书时，大凡都头脑不太清醒，目的不太明确；要不就是苛求：小说一定要写得真实，诗歌一定要写得玄虚，传记一定要美化传主，历史一定要迎合我们的先入之见。而我觉得，读书若想有一个值得称道的开端，就必须先把这样的成见统统驱除掉。我们不应该对作者发号施令，而应该设身处地为作者设想——成为作者的合伙人和同谋。要是你一开始就心存疑虑或者要求苛刻，那么你就不可能从你所读的书中读出尽可能多的意蕴。反之，倘若你尽可能地敞开自己的心扉，那么，一打开书，你便会从那隐晦曲折的字里行间，从那些难以觉察的细微迹象和暗示中，看到一个与众不同的人。而当你沉浸于书中并不断熟悉它之后，很快就会发现，作者给予你的东西，或者试图给予你的东西，其实是相当明确的。

二、怎样读小说

一部三十二章的小说，就像一幢建筑，是一种被赋予形式和受到控制的东西；不过，语词不像砖块那样容易触摸；读一部小说要比看一幢建筑更需时间，也更为复杂。要了解小说家创作过程中的细微末节，也许最简便的办法不是读，而是写；亲自去尝试一下把握词语有多么艰险。请回想一件给你留下深刻印象的事情——或许是，在某条大街的拐角处。你从两个正说着话的人身边走过。一棵树在摇曳；一道电灯光一晃一晃；那两个人说话的声音，让人觉得滑稽，又让人感到忧伤；那一瞬间，也许就含有一幅完整的景象，一个完整的概念。

但是，当你想用语词来重现这一景象时，就会发现它已散乱成了千百个相互矛盾的印象片断。这些片断，有些需要淡化，有些需要强化；而在写的过程中，你还有可能根本就把握不住情感本身。这样的话，你不妨丢开自己的那些乱糟糟的稿纸，翻开某个伟大小说家（如笛福、奥斯丁或者哈代）的作品来读一读。这时你就更加体会到他们的高超技艺了。在那里，我们不仅会面对一个与众不同的人——丹尼尔·笛福、简·奥斯丁或者托马斯·哈代，而且还生活在一个与众不同的世界里。譬如，在《鲁滨逊漂流记》里，我们沿着一条平坦的大路行进；事情一件接着一件发生；事物和事物的次序就是一切。然而，如果说荒野和历险对笛福来说就是一切的话，那么对简·奥斯丁来说就什么也不是了。在她那里，只有客厅和人们的闲聊，以及从他们的闲聊中像镜子一样反映出来的个性。而当我们对客厅有了熟悉的印象后，再转向哈代时，我们又被扭了回来。我们置身到了沼泽地里，头顶上是满天的星光。而那里所显示的，也是人性的另一面——不是人际交往中所见的那光明的一面，而是独处孤寂时最强烈的那阴暗的一面。我们与之打交道的，与其说是人，还不如说是自然和命运。

不过，尽管他们的世界各不相同，每个世界自身却是和谐一致的。每个世界的创造者都恪守自己的视角法则，所以不管他们多么使我们费神，却从来不会像二三流作家那样，常把两种不同的现实引入同一本书，弄得我们无所适从。所以说，从一个大小说家到另一个大小说家——从简·奥斯丁到哈代，从皮科克[①]到特罗洛普[②]，从司各特[③]到梅瑞狄斯[④]——情形就像被人揪着头发提到空中，先被抛到这里，接着又被抛到那里。读小说是一门艰难而复杂的艺术，如果你想真正掌握某个小说家——某个大艺术家——给你的一切，你不仅需要有非常敏锐的感受力，还需要有非常大胆的想象力。

三、怎样读传记和回忆录

只要看一眼书架上那些五花八门的书，你就能知道，它们的

① 皮科克（1785—1866），英国小说家、散文家。
② 特罗洛普（1815—1882），英国小说家。
③ 司各特（1771—1832），英国小说家、诗人。
④ 梅瑞狄斯（1828—1909），英国小说家、诗人。

作者只有没几个是“伟大的艺术家”；而通常的情况是——大多数的书根本就不是文学作品，譬如那些和小说、诗歌直接相关的作家传记和自传、那些名人传记，还有那些不但死去而且已被人遗忘了的人的传记，就属此类。但是，难道就因为它们不是“文学作品”，我们就不去读了吗？或者说，读还是要读的，但要用不同的方法、带着不同的目的去读？打个比方说，某天傍晚，我们无意间走到一座屋子前，只见屋里亮着灯火，窗帘还未拉上，屋子里的每一层楼都似乎在告诉我们，这里正在上演人生戏剧中的某一片断。于是，我们的好奇心便会油然而生——我们读传记，首先也是为了满足这样的好奇心，难道不是吗？我们看到那座屋子里有各种各样的人——仆人们正在聊天；绅士们正在用餐；一个姑娘准备去参加晚会，正在打扮；一个老太婆正坐在窗前打毛线——便会好奇地问：这些人是谁？他们是怎样的一些人？他们叫什么名字？他们干过什么事，或者，有过怎样的经历和想法？

传记和回忆录就是为我们回答这些问题的。它们为我们照亮许许多多这样的屋子。它们会告诉我们：人们是怎样从事日常生活的——他们的辛劳、他们的成功与失败、他们的饮食起居、他们的爱与恨，直到他们死去。有时，正当我们注视着的时候，那屋子里的灯火熄灭了，屋前的铁栅栏也消失了——我们会来到海上，或者，我们会去打猎、航行、打仗；我们会走到野蛮人当中，或者，会随着军人去参加一场重大的战役。要不然的话，只要我们愿意，我们仍可以留在英国，留在伦敦，但是情景却完全变了：街道变窄了，屋子变小了，玻璃窗上满是裂痕，屋里拥挤不堪，还散发出阵阵臭味。这时我们看到一位诗人，堂恩[①]，正从这样的一座屋子里逃出来，因为墙壁很薄，我们还能听到孩子们在屋里哭喊。接着，我们便跟随着他，走过他在书里写到的那些小路，一直到了一个叫特维肯南的地方，到了贝德福德夫人[②]的豪宅——那是个有名的地方，贵族们和诗人们常在那里聚会。随后，我们来到威尔顿地方的一座小山下，在那里的一所邸宅里听听锡德尼爵士[③]给他的姐姐朗读他的《阿卡迪亚》；我们随他在一片沼泽地里漫游，还看到了他在那部著名传奇中一再写到的苍鹰。这之后，我们可以跟随一位彭布洛克夫人，即安妮·克利福德[④]，去北方旅行，到她的荒原上去看看；或者，再钻到城里去——不过，碰上身穿黑天鹅绒服装的加布里尔·哈威[⑤]正在和斯宾塞[⑥]辩论诗歌问题时，你可千万不要发笑。没有什么事比在既辉煌又黑暗的伊丽莎白时代的伦敦逛来逛去更有趣了，但也不能老呆在那里，因为邓普尔们和斯威夫特们、哈雷们和圣·约翰们[⑦]在召唤我们。要弄明白他们之间的争论，并了解他们每个人的性格，需要我们花费许多时间。如果对他们感到厌倦了，我们可以继续朝前，从一位珠光宝气的黑衣贵妇人身边走过，就可以

---

① 堂恩（1572—1631），英国玄言诗人。

② 贝德福德夫人，16世纪英国贵妇人。

③ 菲利普·锡德尼（1554—1586），英国诗人、传奇作家，《阿卡迪亚》是其著名的田园传奇。

④ 安妮·克利福德，18世纪声名显赫的英国贵妇人，文人和文学的庇护者。

⑤ 加布里尔·哈威（1550—1631），英国学者。

⑥ 斯宾塞（1552—1599），英国著名诗人，与莎士比亚齐名。

⑦ 原文为“The Temples and the Swifts, the Harleys and the St. Johns”，泛指17、18世纪英国作家。

找到约翰逊博士、哥尔斯密和加里克[1]。要不然，如果你高兴的话，可以渡过英吉利海峡，去和伏尔泰、狄德罗以及杜·德凡德夫人[2]见一次面，然后回到英国，回到贝德福德夫人豪宅的所在地、后来蒲柏[3]也在那里住过的特维肯南——这没办法，有些地名和人名总会重复出现！从那里，你可以到草莓山去，到华尔浦尔[4]的家里作客。华尔浦尔又会给我们介绍一大堆新朋友：我们有许多人家要拜访，有许多门铃要拉。只是，在华尔浦尔所爱的那个女人即贝里斯女士的门前，我们可能会停下来，因为——你看，萨克雷[5]正朝我们走来！他是贝里斯女士的朋友。由此看来，我们只要从这个朋友到那个朋友，从这个花园到那个花园，从这个府邸到那个府邸，就等于从英国文学的这一头走到了那一头，而这时，我们往往会突然发现，自己好像又回到了老地方——只不过，我们还能分清现在这一刻和那永远逝去的往昔之间的区别。

我想，我们阅读传记和书信，可以将此作为一种方法。我们可以借此使许多往日的窗户里重新亮起灯火，由此看到那些早已死去的名人当初是怎样生活的。有时，甚至还可以这样设想：既然我们走到了他们身边，或许还会意外地发现他们的某些秘密。我们还可以取出他们所写的一部剧本或者一首诗来，当着他们的面读一读，看看究竟会有什么不同的效果。而且这样做的话，势必还会引

① 约翰逊博士、哥尔斯密和加里克均为18世纪英国著名文人、作家。

② 伏尔泰和狄德罗均系18世纪法国启蒙哲学家；杜·德凡德夫人是18世纪法国贵族夫人，伏尔泰等人的庇护者。

③ 蒲柏（1688—1744），英国古典主义大诗人。

④ 华尔浦尔（1717—1797），英国著名哥特小说家。

⑤ 萨克雷（1811—1863），英国大作家，与狄更斯齐名。

出其他一些问题。我们一定会问：作者的生活经历对他的写作到底有多大影响？把一部书的作者还原成生活中的某个人，这到底有多大的可靠性？我们还会问：既然语言是一种非常敏感的东西，非常容易受作者性格的影响，那么我们对于作者用语言在我们心中唤起同情或者反感，到底在何种程度上应该予以接受，在何种程度上应该加以拒绝？这些就是我们在阅读传记和书信时常常会出现在我们心中的问题。对于这些问题，我们只能自己去回答，因为它们纯属个人问题；要是听人摆布，接受所谓的“指导”，那不免有危险，因为别人说出来的，往往只是他自己的偏见。

当然，我们也可以抱着另一种目的来读这一类书——既不是为了理解文学，也不是为了了解名人，而是为了演练和提高自己的创造力。就在书架的右边，不是有一扇窗正打开着吗？那就放下书朝窗外看看，那才令人愉快哩！你看那些景物：小马驹在田野里蹦跳，一个农妇在水槽边静静地往水桶里装水，一只驴子仰着头发出一声声哀鸣。它们是无意识的、互不相干的，又是永远变动不居的，而正因为这样，它们才令人欢欣鼓舞。图书馆里的大部分书，不过就是这样的男人们、女人们和驴子们的生活的一种短暂记录罢了。任何文学，一旦过时，就会变成一大堆旧书，变成一种用老旧而陈腐的语言对业已消逝的时代和被人遗忘的世事所作的记录。然而，要是你有兴致埋头读这样的旧书，那里记录的人世生活的陈迹虽然已遭摈弃而且日见腐朽，有时也会使你感到震惊，甚至为之折服。也许只是一封书信——但它描绘出怎样的一幅图景啊！也许只是片言只语——但其中隐含着怎样的一种期待啊！有时，你会读到一篇完整的故事，写得首尾连贯、妙趣横生，好像出自某位大小说家之手。实际上，它很可能是很久以前的一个戏子——泰特·威尔金森[①]写的一篇回忆录，讲的是他和琼斯船长[②]的一段奇特经历；也可能，讲的是威灵顿公爵[③]麾下的一个年轻中尉，他怎样爱上了里斯本的一个漂亮姑娘；或者，讲到玛丽亚·艾伦[④]在空荡荡的客厅里放下手里的针线活，唉声叹气，说她当初要是听从伯尔内博士的忠告，和里希先生一起私奔就好了。所有这些东西，也许并没有什么实际价值，完全可以弃置不顾，但是当窗外的小马驹在田野里蹦跳、一个农妇在水槽边静静地往水桶里装水、一只驴子在仰头哀鸣时，偶尔翻翻这样的旧书，从遥远的往昔找回几个旧戒指、几把旧剪刀或者几只被打歪的鼻子，那也不失为一件有趣的事！

四、怎样读诗歌

读陈旧的传记和回忆录，终究会使我们感到厌倦……于是，我们就会有一种愿望，要想结束这种只注意真人真事和近似于猜测的琐碎阅读，同时希望获得更大的自由空间，从而领略到文学中更为纯粹的真实。于是，我们就会营造出这样一种既强烈又普遍的心理状态：不想注意事物的细节，只想沉浸在某种意境中，随某种有规律的、反复出现的节奏而漂浮——这种心理状态的自

---

① 泰特·威尔金森，18 世纪英国著名演员和剧院经纪人。

② 琼斯船长，18 世纪英国探险家。

③ 威灵顿公爵，18 世纪英国著名政治家、军事家。

④ 玛丽亚·艾伦，18 世纪英国著名艺术史家查尔斯·伯尔内与前妻所生的女儿。

然表现形式，就是诗歌。换句话说，只有当我们自己似乎也想写诗的时候，才是读诗的最佳时机。

Western wind, when wilt thou blow
The small rain down can rain.
Christ, if my love were in my arms,
And I in my bed again![1]

诗歌的感染力是直截了当的、强烈的，我们在片刻之间，除了为诗句所感动，再也不会有其他的感觉。我们一下子就投了进去，而那里又是何等深邃啊！我们一落千丈，没有任何东西可供攀援，也没有任何东西来阻挡我们。小说也给人以幻觉，但那是逐渐形成的；小说制造效果时总会给人心理准备；然而，当我们读到这四行诗的时候，有谁会停下来问，这诗是谁写的？有谁会联想到诗人堂恩的家事，或者诗人锡德尼的秘书？有谁会把这四行诗和纷纭复杂的历史、和新旧时代的交替联系在一起？诗人永远是我们的同时代人。

刚开始读诗的时候，我们往往会注意力集中，会感到紧张，就像突然受到某种心理冲击一样；但是，渐渐地，这种感觉会像水中的涟漪那样，一圈一圈地向远处舒展，延伸。我们会越来越冷静、理智，同时会接收到意识的回声和反射。这时，我们才能

① 16世纪英国无名氏遗诗中的一段，大意是：“西风啊，你何时才会刮起？/好让细小的雨珠轻轻飘落。/我的爱啊，你何时回到我心里？/好让我在自己的床上静静躺着。”

对诗加以探讨和评论。

诗的情感不仅强烈，而且覆盖面极大，几乎各种各样的情感都在诗中出现过，所以我们读诗的最好方法，就是比较，看看同样的情感是怎样用不同的手法表现的。我们先注意下面两行诗明晰与简洁的特点：

I shall fall like a tree, and find my grave
Only remembering that I grieve. ①

再体会下面这一节诗的节奏和韵律：

Minutes are numbered by the fall of sands,
As by an hour glass; the span of time
Doth wast us to our graves, and we look on it;
An age of pleasure, revelled out, comes home
At last and ends in sorrow; but the life,
Weary of riot, numbers every sand,
Wailing in sights, until the last drop down,
So to conclude calamity in rest. ②

---

① 16世纪英国剧作家波蒙和弗莱彻合著的剧本《少女的悲剧》里的诗句，大意是："我将像棵树，倒下就是自己的墓地，/那里，只有我痛苦的回忆。"

② 17世纪英国剧作家约翰·福特的剧本《情人愁》里的诗句，大意是："沙漏中的沙粒一颗颗落下，/时间分分秒秒地过去；/眼看着我们一生的时光，/在狂欢中白白耗尽；/一切都将在忧伤中结束，/到头来，走向坟墓；/厌倦了荒唐胡闹的人回到家，/叹一口气，数一颗黄沙，/沙粒落尽后他就要长眠，/从此结束他多灾多难的生涯。"

再看看下面这段诗沉静和玄想的基调：

whether we be young or old
Our destiny, our being's heart and home,
Is with infinitude, and only there;
With hope it is, hope that can never die,
Effort, and expectation, and desire,
And something evermore about to be. ①

再把这段诗和下面四行轻盈、优美的诗句比较一下：

The moving Moon went up the sky,
And no where did abide:
Softly she was doing up,
And a star or two beside... ②

或者，也可以和下面诗句中奇妙的色彩想象作一比较：

And the woodland haunter

---

① 19世纪英国诗人华兹华斯的长诗《序曲》中的一段，大意是："不管我们年轻，还是年老，/我们的命运，灵魂的归宿，/都将、也只能与无限同在；/可我们总怀着永生的希望，/努力着、渴望着、期待着，/这希望也永远与无限同在。"

② 19世纪英国诗人柯勒律治的长诗《古舟子咏》中的一段，大意是："看，巡行的月神升上天空，/她无牵无挂，何处也不停留；/轻柔又明亮，她缓缓而行，/唯有几颗星星，伴随她左右……"

Shall not cease to saunter
When, far down some glade,
Of the great world's burning,
One soft flame upturning
Seems, to his discerning,
Crocus in the shade.①

现在，让我们想一想，诗人的艺术手法是那么多姿多彩：他们既能让我们做观众，又能使我们当演员；他们熟谙人性，既能创造出福斯塔夫②，又能创造出李尔王。而这一切，就是因为诗人既不乏压缩和简化的能力，又富有扩展和渲染的才华。

五、怎样评判书的优劣

以自己的感受力尽可能多地从书中获取印象——这是读书时首先要做的，但这样只完成了一半。如果想获得读书的全部乐趣，就必须完成读书的全过程。我们必须对自己从书中获取的各种印象作出判断，必须使那些闪闪烁烁的印象凝固，形成持久的形象。这不能着急，要等尘埃落定、疑问平息之后才行。这期间不妨去散散步，聊聊天，或者撕撕玫瑰花干枯的花瓣；要不然，干脆去睡一觉也可以。这之后，可能你自己也不会想到——自然

① 此诗出处不详，大意是："有人走进树林，信步漫游，/只见一场大火在林中燃烧；/此人远远望着一撮撮火苗，/心里想：番红花开得正好。"

② 福斯塔夫，莎剧中的小丑人物。

的变化往往就是这样——你读过的那本书又突然回来了，但完全变了样：它完整地浮现在你的脑海里，和当初从分散的词句中所获取的那些零星印象已大不一样。书里的种种细节都有了固定的、适当的位置；书的整体形象，从头到尾都显露得一清二楚，就如我们看到一间谷仓、一个猪圈或者一座大教堂那样。

现在，就像可以把建筑和建筑加以比较，我们也可以把书和书加以比较了。不过，这种比较将意味着我们对书的态度已经改变：我们不再是作者的同伙，而成了他的审判官。作为同伙，我们对作者的态度应该是宽容的——无论怎样宽容也不会过分；作为审判官，我们对作者的态度应该是严厉的，而且无论怎样严厉，也同样不会过分。有些书，既浪费我们的时间，又滥用我们的好意——难道不能说，这不是一种罪过吗？有些作者，尽写些华而不实的书、谎言连篇的书、陈腐不堪的书，甚至有毒有害的书——难道不能说，他们不是社会公敌、民族败类和害人虫吗？所以，我们应该对书严加审判，应该把每一本书都和历史上最好的书加以比较。

好在有些书早有定评，我们人人心里明白，它们是书的楷模，如《鲁滨逊漂流记》《爱玛》[1] 和《还乡》[2] 等。因此，我们理应把自己正在读的小说和它们比较一下——即便是最近出版的、最微不足道的小说，也应该和最出色的小说一起受到审判。诗歌也一样——当我们从美妙的诗韵中平静下来、从华丽的辞藻

---

① 《爱玛》，简·奥斯丁的长篇小说。

② 《还乡》，哈代的长篇小说。

中解脱出来之后，一首诗的完整形象就会出现在我们眼前——我们理应把它和《李尔王》《菲德尔》[1] 以及《序曲》[2] 加以比较；即便不和这些作品比，也应该和我们自己认为最好的诗篇比一比。至于标准，我们完全可以确信，只要把那些用来评判古代作品的标准稍作修改即可，不必另外制定，因为所谓的“新诗”和“新小说”，其实并无真正的新颖之处，不过是为了掩饰其肤浅罢了。

尽管如此，若认为读书过程的第二步，即判断和比较，和第一步一样容易——认为只要放眼去接受那些纷至沓来的无数印象就行了，那也不免过于愚蠢。要放下手里的书而把读书过程持续下去，要把某本书的整体形象和另一本书的整体形象加以比较，不仅需要有相当大的阅读量，还要有足够的判断力，才能做得既生动又富有启发——这已经够难的了。更难的是，你还要进一步指出：“我要求一本书不仅可读，还要有某种价值；因此，这里是失败的，那里是成功的；这里写得好，那里写得不好。”作为读者，要想完成这一部分的读书过程，需要有极高的学识水平、极大的想象力和洞察力，而这样的天赋，恐怕是任何一个普通读者都很难具备的，即便是最自信的读者，也只能在自己身上找到一点点类似这种天赋的影子。

那么，干脆把这一部分过程舍去，让给那些批评家，那些穿厚大衣、大礼服的专家权威，让他们替我们评定一本书到底有没

① 《菲德尔》，17 世纪法国悲剧家拉辛的剧作。
② 《序曲》，19 世纪英国诗人华兹华斯的长诗。

有价值——这难道不是聪明的做法吗？可惜，这样不行！

在读书时，我们可能很重视感应的价值，可能会尽量把自己的想法隐藏起来；但是，我们自己也明白，我们不可能对书里的一切都完全抱着同感，不可能把自己完全掩埋起来。因为我们总觉得内心有个捣蛋鬼在悄悄地说："我恨！""我爱！"而要他不作声，又不可能。实际上，正因为我们有恨有爱，我们才能和诗人、小说家保持那么亲密的关系。所以，让另外一个不相干的人插在中间，我们会感到无法容忍。即使我们的意见与人不合，即使我们的判断是错误的，我们的趣味仍然是我们读书时的指路明灯，因为唯有趣味才能使我们身心激动不已。我们是凭着感情来读书的；我们不能压制自己的癖好，就是加以限制也不行。

但是，读书的时间久了，我们或许可以培养自己的趣味，也可以接受某些限制。当初，我们的趣味贪婪而杂乱地吞食各种各样的书——诗歌、小说、历史和传记，后来，它停止了吞食，希望回到广阔的现实世界，尝一尝多变而复杂的现实生活的滋味。这时，我们就会发现，我们的趣味有点变了，变得不再那么贪食了，而是更喜欢思考了。它不仅仅带着我们去对这本书或那本书作出判断，而且还开始要我们去掌握某一类书的某一共同特点。它会对我们说："注意，这一特点应该怎么说？"也许，它会要求我们先读一读《李尔王》，然后再读一读《阿伽门农》①，以此向我们表明，这两本书就有这种共同的特点。

于是，在我们的趣味引导下，我们就开始大胆越出某一本书

---

① 《阿伽门农》，古希腊悲剧家埃斯库罗斯的剧作。

的范围，开始寻找把某些书组合成一类的某些特点。我们还开始给某些特点起名称，并制定出某种法则，以便把我们的读书感受加以归纳，使其变得有条有理。这样的分门别类，能使我们有一种读书更深入的感觉——这固然很好，但要知道，关于书的法则总是要在和书的实际接触中被不断打破的——凭空制定出和事实毫不相干的法则，这是最容易、也是最愚蠢的事——所以，当我们在作这一艰难尝试时，若想使自己不致陷入混乱，最好的办法就是求助于某些才能罕见的作家，他们能给我们以启发，能帮助我们怎样把文学当作一门艺术来看待。譬如，柯勒律治、德莱顿①和约翰逊博士②经过深思熟虑而写下的那些评论文章，还有许多诗人和小说家虽未经深思熟虑、但有切身体会的经验之谈，往往都非常中肯，贴切——它们能帮助我们理清萦绕在我们头脑里的一团团模糊概念。只不过，当我们向他们请教时，自己心里必须要有实实在在的问题和看法，而且是在自己的读书过程中老老实实累积起来的——这样，他们才会对我们有所帮助。否则，若是只知道一味崇拜他们的权威，像一群躺在树阴下的绵羊，那他们也是无能为力的。

六、读书的价值与目的

理想的读书需要有想象力、洞察力和判断力，而这些素质又

---

① 德莱顿（1631—1700），英国古典主义诗人、批评家。

② 即塞缪尔·约翰逊，18世纪英国著名学者。

不是常人所具有的，所以，你也许会说，既然文学是这样一门复杂的艺术，那么我们即使读上一辈子书，也不可能做出什么有价值的文学批评了？是的，我们始终只是读者而已；我们的头上永远不可能出现光环——这种光环只属于那些被称为“批评家”的罕见人物。然而，作为普通读者，我们仍然有我们的责任，甚至重要性。

我们认定的标准，我们作出的判断，会悄无声息地散布开去，会像空气一样弥漫在作家身边，影响他的写作。我们作出的某种反应，尽管并不印在书刊上，但始终会对作家产生影响。尤其是现在，文学批评由于某种原因一直不太景气，读者的反应——如果这种反应是有水平、有生气、有特色、有诚意的话——就更有重大价值了。因为，现在的批评家评论书，就像在打靶场上打一队队当作靶子的动物，只花一秒钟装上子弹，稍稍瞄准一下，就开始射击。所以，如果他把野兔当作老虎打，或者把天上的鹰当作谷仓里的鸡来打，甚至完全打偏了，把子弹胡乱地射到了一头正在田野里静静地吃着草的母牛身上，我们也不必大惊小怪。而现在的作家，除了经常受到这种不讲准确性的射击，如果说还能得到其他什么评论的话，那就是普通读者的反应了——普通读者是为读书而读书的，没有什么专业目的，读得不慌不忙；他们的判断时而非常宽容，时而又非常严厉——这对于提高作家的写作质量，难道没有好处吗？如果说，这样能使作家们的书写得更健康、更充实、更精彩，那么努力去这样做，当然是非常值得的。

但是，话得说回来，我们读书时，谁会抱有这样的预期目的？我们热衷于做某件事情，难道就是因为这件事有实际好处吗？难道追求乐趣，就不能作为最终目的吗？我们读书，难道不能说就是这样一件事情吗？至少，我是这样的——我有时会这样想象：到了最后审判日①，人类历史上那些伟大的征服者、立法者和政治家将得到回报——得到他们的王冠、他们的桂冠，他们的名字将被刻在坚固的大理石上；而我们呢，每人手里夹着一本书走到主耶稣面前——这时，万能的主会看看我们，然后转身对圣彼得②说："你看，这些人不需要回报。我们这里也没有什么可给他们。他们就喜欢读书。"

刘文荣　译

① 最后审判日，即"世界末日"。
② 圣彼得，耶稣的门徒，罗马教会创始人。

读书之乐

［法］　阿兰

阿兰（Alain 1868—1951），笔名，真名埃米尔-奥古斯都·夏蒂耶（Émile-Auguste Chartier），法国哲学家、著述家。一生著述丰富，涉及历史、哲学、宗教、文学、教育等多个方面，重要著作有《艺术体系》《读巴尔扎克》和《思维与年龄》等。本文是《读巴尔扎克》的序言，本意当然是要将巴尔扎克引入读者的视野，但和一般序言不同，本文并不直奔主题，而是在谈他自己如何读书的过程中，迂回曲折地引出巴尔扎克，故名之为《读书之乐》。那么，他的读书之乐，乐在何处呢？一是读书可以解闷，因为人生总不如意，梦想几无成真，读书若能代替做梦，岂不乐乎？二是率性而读，从不刻意，而是漫不经心地悟出书中名堂，不亦乐乎？那么，他读书悟出了什么名堂呢？有点令人吃惊，他悟出的竟是：小说的目的不是激发读者的想象力，而是“为了禁锢你的想象力”；优秀的小说，就是“作者预设圈套让读者去钻”——至少，巴尔扎克的小说是这样的。这简直像是奇谈怪论，但他却说得有理有据；所以，你不妨一读，这是难得一见的好文章——读后，你会知道，小说还可以这么读；说不定，你还会去读更多小说，从而真正享受到读书之乐。

读书与做梦的不同之处在哪里呢？有时候我们感觉做梦是愉快的，于是几乎就不去读书了。而当做梦的可能性被某种原因破坏时，读书便成了补救的良药。当年，我的父亲由于债务累累，心中烦闷，于是便一头钻进书堆里以寻求解脱，嗜书如命几乎到了饥不择食的地步。他的行为使我受到了感染，这“感染”如今看来使得我比那些一味苦学的书呆子们有出息得多。对我来说，如果我有意想学些什么，那一定是什么也学不进去的。即便是数学题，也只有等我像读小说一样漫不经心地去理会它的时候，才能悟出其中的名堂。总之，读是最重要的。不过，像这样懒洋洋地读书必须有充足的时间，而且手头也得有书才行。我所谓“手头有书”是说那书的位置一定要近在咫尺，如果隔了两米远，我也就不会想起去读它了。所以也难怪图书馆对我毫无裨益，它毕竟不属于我呀！我于是就把手头的书通读一遍，而且做了不少笔记，尽管事后从不去翻阅。对我来说，了解荷马意味着手头得有荷马的书。眼下我手头就有几本斯宾诺莎①的书。过去我一向不知世界上还有梅恩·德·比兰②，直到有一天一位相识将他的全集抱来放在我的案头，我这才晓得梅恩·德·比兰是何许人。而且，说句实话，我发现读他的书真好比啜饮琼浆玉液，百读不厌。我对孔德③的了解也是通过同样的途径，很久以前我就已将他的十卷代表作买来放在案头了。我读孔德似乎同读巴尔扎克一样，从不去追究书中的道理。

① 斯宾诺莎（1632—1677），荷兰人，近代大哲学家。
② 梅恩·德·比兰（1766—1824），法国哲学家。
③ 奥古斯特·孔德（1798—1857），法国哲学家，“实证主义”创始人。

不过，我更喜欢巴尔扎克，而且也只满足于做巴尔扎克不倦的读者而已。

什么叫读书？读书就是一行一行地读书上的字。当然，还是要略为琢磨一下整体的，也就是一页当中的内容。这不是我个人的经验。我发现有不少读者跟我一样，读前一页的时候总要附带地偷眼看一看下一页讲的什么，甚至也顺便浏览一下后边的情节，好像饥饿的乞丐觊觎一块馅饼。我想大概可以这样断言——不过也许为时过早——读者的想象力恰似笼中之鸟，永远无法摆脱书中字词以及作品原意的束缚。当然，熟练的读者用不着咬文嚼字，但我还做不到这一步，我虽不至于嚼字，句子总还须咂一咂的。我读书就好像骑一匹马，时而纵马狂奔，时而拨马回头，不敢神驰遐想，唯恐偏离作者指出的道路。有趣的是，我仅以这种方式去读体面的出版物，也就是书籍。至于日记之类，我以为价值不大，不必认真去读。手稿就更不必说了，它总使人觉得不可靠，因为它只不过是书的雏形而已，可以随意增删改动。一本书的分量就不同了，特别是巴尔扎克的小说，就更不允许你去怀疑。甚至可以说，巴尔扎克写书的目的，就是为了禁锢你的想象力。真的，读他的书谁也不用胡思乱想，为所欲为，只有规规矩矩，按他的路子走……这便是优秀叙事体小说的风格：作者预设圈套让读者去钻。巴尔扎克历来如此。这就是为什么反复阅读比只读一遍收益更大的原因。由于我对自己的经验十分自信，所以很想在这方面做些探讨。

引起读者的猜疑、好奇和惊叹，这就是巴尔扎克小说的效果吗？一点儿不假，甚至当你读了几遍之后，这种效果竟毫无衰减。比如说，我知道乡村医生[1]必死无疑，然而也正因为我料到结局，乡村医生的死才如迅雷一般使我感到震惊。这效果就在昨天我还体验过一次。戏迷们往往也有同感吧。我还注意到，一首好诗的艺术魅力是永存的，不会使你熟而生厌，只有这样的诗才是真正的诗。可以这样说，各类“时间艺术”[2] 的魅力正是源于读者的预知。当我们读一本小说时，总觉得后头的情节最牵扯我们的兴趣；不过，我们也懂得如何克制自己，大概具体的方式就是聚精会神于眼下正在进行的情节吧。当然，像这样吊一吊胃口也未尝不是一件有趣的事。孩子们做游戏时不是经常要藏起来，然后吓唬对方，而对方也会真的感到害怕吗？读小说也是如此。前不久我又重读了《驴皮记》[3] 的前几页，真够繁琐的！我心里虽这么想，却仍然悉心地琢磨着拉斐尔[4]的幻梦和那位老商贩的大段独白，甚至不放过任何细节。而那些一目十行的读者口头里虽说着“我都知道”，实际上正是由于他们“不知道”，所以才那样风风火火地读。我之所以能够不紧不慢由着性子，正是因为我了解这本书，而且我对它的了解不是零散的、只言片语的，而是全面的。我不想一下子就读到书中那不可挽回的结局，总希望这结局能够在我的第一个愿望得到满足之后再开始，因为到那时

① 指巴尔扎克长篇小说《乡村医生》的主人公。

② “时间艺术”是指在一段时间里一步步产生效果的艺术（或者说，诉诸于人的“时间感”的艺术），如文学、戏剧、音乐等。与“时间艺术”相对的“空间艺术”则是指在一定的空间里瞬间产生效果的艺术（或者说，诉诸人的“空间感”的艺术），如绘画、雕塑、建筑等。

③ 《驴皮记》，巴尔扎克的长篇小说。

④ 拉斐尔，《驴皮记》里的主人公。

将会觉得总算完成了什么。不过，最好还是由着作者的构想，让这结局在老商贩的叹息声中、在他利欲熏心、沉湎于新的梦幻的时候再开场为好。同样，无论是幸运还是灾难——如大家常说的那样——也应伴随着拉斐尔的沉浮而渐次呈现在我们眼前。为了耽于幻想而不愿过早获得，这正是读者的心理，它促使我们随着作者一道在共同的情感领域里尽情漫步，观赏珍奇。我用了“尽情”两个字，实则我们的兴致未必能随心所欲地膨胀，我们是无权随意增补幻想的，因为作品的内容是和谐严谨的，词句是有限的，凭空幻想纯属徒劳无益。你熟悉翻动书页时发出的声音吗？如果你无法从中辨析出命运的颤音和结局的征兆，这说明你还不是真正的读书人。要知道，一场音乐会、一场戏或一段朗诵是不能任意中断的，但作为读者，却有这个自由。只不过读者往往不是利用这种自由去回味读过的内容，或臆测未来的情节，而是中断小说情节的发展，以腾出时间来咀嚼自己的人生经历。我就有这样的感觉，每当我重新回到作品中来的时候总是要略微复习一遍前面的内容，仿佛想要再度积蓄起自己的兴致。如果不这样做就会觉得若有所失，觉得失掉了前面的内容。的确，优秀小说是不容许随意抽取片断的，不论手段多么巧妙，即便是配以分析也总不能被人接受。不是吗？优秀小说本身就杜绝了任何形式的简化或综述。相反，劣等小说却恰恰像被阉割过似的，只剩下事件和线索的罗列，一切似乎是为了向读者解释，唯恐读者理解不了下文。其实，我读书的目的倒并不是为了理解，而是为了追索。要想追索，光凭精神准备还是不够的。我发现侦探小说的情节总是发展飞快，然而这类小说的迷人之处并不单单在于它的神秘性。我的理由是，倘若写得好，人们同样愿意反复阅读。《一桩无头公案》① 就是一本这样的书。似乎可以说，小说遵循的原则之一就是时间原则。要知道，应当发生的事不必顷刻间就发生。“您的第一个欲望是平庸的，”那位老商人道，“我可以使它变成现实；不过，我还是先省了这道麻烦，以便为您今后生活中的事操心吧。”这位老商贩俨然像一尊隔岸观火的神，任事态平淡无奇地发展，就像拉斐尔每次遇到他的三个朋友必然同去吃夜宵一样，毫无例外，毫无变化。不过，这些琐事看似平淡，却正代表了生活中严肃的一面。巴尔扎克的思想永远是那样正确，实在令人为之折服。这也正是他的天才在创作中的体现，他善于将平凡的生活真实地反映出来。《驴皮记》所反映的同样是真实的生活，在这一点上它跟《幽谷百合》和《欧也妮·葛朗台》② 没有什么两样，尽管当我们叙述书中大意时免不了会引人发笑，因为谁也不会相信世上还会发生如此荒诞的奇遇，而且每个人的故事都如此离奇。不过，说到这儿，我们又不期而然地遇到了另一个十分棘手的问题③。这个问题，我看放到以后再讨论吧。

钱一民　译

① 《一桩无头公案》，巴尔扎克的长篇小说。
② 《幽谷百合》和《欧也妮·葛朗台》均为巴尔扎克的长篇小说。
③ “十分棘手的问题”，即指文学的“真实性”问题。

关于读书

［英］　W. S. 毛姆

W. S. 毛姆（William Somerset Maugham 1874—1965），英国小说家、散文家。一生著述甚丰，重要作品有长篇小说《人性的枷锁》《月亮和六便士》《大吃大喝》《刀锋》、散文集《书与你》和《总结》等。本文是《书与你》的节选，标题为译者所加。关于读书，毛姆的看法很明确，他认为读书就是为了享受——当然，这是指业余时间的读书，也就是人们所说的“读闲书”。这样的读书，首先要有乐趣，但也不仅仅为了乐趣，还要有所教益。所以，毛姆对书是“挑剔”的，并不同意“开卷有益”。那些有“乐趣”、但显然无聊的书，他认为是坏书，根本没必要去读。反之，有些书可能很有教益，但写得枯燥沉闷，读起来毫无乐趣，他认为也是不好的书，也没必要去读。还有一些书总体上有乐趣，也有教益，但有些部分写得啰嗦冗长，他认为对这些部分只要一目十行地溜一遍就可以了，或者干脆跳过去不读——他把这种方法称为“跳读法”。只有读起来始终让人觉得趣味盎然、又很有教益的书，他认为才是真正的好书。毛姆的散文常用他擅长的闲谈笔调写成，简洁明快而又委婉动人。本文就是一例，读来就如他坐在你对面侃侃而谈，时不时还会说上一两句俏皮话，对你眨眨眼或者微微一笑，让你觉得仿佛在和一位长者促膝谈心，倍感亲切。

读书是一种享受

一个人说话[①]时，往往会忘记应有的谨慎。我曾在一本名叫《总结》[②] 的书里，就一些青年提出的关于如何读书的问题说了几句话，当时我并没有认真考虑。后来，我收到各种各样读者的来信，问我究竟提出了怎样的看法。对此，我虽然尽我所能给予答复，但在私人信件里不可能把这样的问题讲清楚。于是我想，既然有这么多人好像很希望得到我能提供的指导，那么我根据自己有趣而有益的经验，在此简要地提出一些建议，他们或许是愿意听的。

首先，我要强调的是，读书应该是一种享受。不错，有时为了对付考试，或者为了获得资料，有些书我们不得不读，但读那种书是不可能得到享受的。我们只是为增进知识才读它们，所希望的也只是它们能满足我们的需要，至多希望它们不至于沉闷得难以卒读。我们读那种书是不得不读，而不是喜欢读。这当然不是我现在要谈的读书。我要谈的读书，它既不能帮你获得学位，也不能帮你谋生；既不会教你怎样驾船，也不会教你怎样修机器，却可以使你生活得更充实。只是，要想得到这样的好处，你

① 意即写作。毛姆认为，写作就是写作者一个人自说自话。
② 《总结》即毛姆的自传，出版于1938年。

必须喜欢读才行。

我这里所说的“你”，是指在业余时间想读些书而且觉得有些书不读可惜的成年人，不是指那些本来就钻在书堆里的“书虫”。“书虫”们尽可以想读什么就读什么，他们的好奇心总是使他们踏上书丛中荒僻的小路，沿着这样的小路四处寻觅被人遗忘的“珍本”，并为此觉得其乐无穷。我却只想谈谈一些名著，就是那些经过时间考验而被公认为一流的作品。一般认为，这样的名著应该是人人都读过的，但令人遗憾的是，真正读过的人其实很少。有些名著是著名批评家们一致公认的，文学史家们也连篇累牍地予以论述，但现在的一般读者却没有时间、也没有兴趣去读了。这些名著对文学研究者来说是重要的，只是随着时间和兴趣的转移，它们原来的诱人之处已不再诱人，所以现在要读它们，是很需要有点毅力，也需要花一番功夫的。举例说吧，我读过乔治·艾略特[1]的《亚当·比德》，但我没法从心底里说，我读这本书是一种享受。我读它多半是出于一种责任心，坚持读完后，才不由得松了口气。

关于这类书，我不想说什么。每个人自己就是最好的批评家。不管学者们怎么评价一本书，不管他们怎样异口同声地竭力颂扬，除非这本书使你感兴趣，否则它就与你毫不相干。别忘了批评家也会出错，批评史上许多明显的错误，都出自著名批评家之手。你在读，你就是你所读的书的最后评判者，其价值如何就

---

① 乔治·艾略特（1819—1880），英国著名女作家，《亚当·比德》是其第一部长篇小说。

由你定。这道理同样适用于我向你推荐的书。我们各人的口味不可能完全一样，只是大致相同而已。因此，如果认为合我口味的书也一定合你的口味，那是毫无根据的。不过，我读了这些书后，觉得心里充实了许多；要是没读的话，恐怕我就不是今天的我了。所以我对你说，如果你或者别人看了我在这里写的，于是便去读我推荐的书而读不下去的话，那就把它放下。既然它不能使你觉得是一种享受，那它对你就毫无用处。没有一个人有这样的义务，一定要读诗歌、读小说或者读任何纯文学作品（纯文学，法语是 belles-lettres，我不知道英语怎么说，恐怕没这个词。)，他只是为了一种乐趣才去读这些东西的。谁又能要求，使某人觉得有趣的东西，别人也一定要觉得有趣？

请不要以为，享受就是不道德。享受本身是件好事，享受就是享受，只是它会造成不同后果，所以有些方式的享受，对有理智的人来说是不可取的。享受也不一定是庸俗的和满足肉欲的。过去的有识之士就已发现，理性的享受和愉悦，是最完美、最持久的。养成读书的习惯，确实使人受用无穷。很少有什么娱乐，能让你在过了中年之后还会从中感到满足；除了玩单人纸牌、解象棋残局和填字谜之外，几乎没有什么游戏，你可以单独玩而不需要同伴。读书就没有这种不便；也许除了做针线活——可那是不大会让你安下心来的——没有哪一种活动可以那样容易地随时开始，随便持续多久，同时又干着别的事，而且随时可以停止。今天，我们很幸运地有公共图书馆和廉价版图书，可以说没有哪种娱乐比读书更便宜了。养成读书的习惯，也就是给自己营造一个几乎可以逃避生活中一切愁苦的庇护所。我说“几乎可以”，是因为我不想夸大其词，宣称读书可以解除饥饿的痛苦和失恋的悲伤。但是，几本引人入胜的侦探小说再加一只热水袋，确实可以使任何人对最严重的感冒满不在乎。反之，如果有人硬要他去读他讨厌的书，又有谁能养成那种为读书而读书的习惯呢?

为了方便起见，我将按年代顺序来谈我要谈的书。不过，要是你有意读这些书的话，我也没有理由一定要你照这个顺序读。我想，你最好还是随你自己的兴趣来读。我甚至都不认为你一定要读完一本再读另一本。我自己就喜欢同时读四五本书，因为我们的心情毕竟天天都在变化；即便在同一天里，也不是每小时都热切地想读某本书的。我们必须适应这样的情况。我当然采取了最适合我自己的办法。早晨开始工作前，我总是读一会儿科学或者哲学方面的著作，因为读这类书需要头脑清醒、思想集中，这有助于我一天的工作。等工作做完后，我觉得很轻松，就不想再进行紧张的脑力活动了，这时我便读历史、散文、评论或者传记；晚上，我看小说。此外，我手边总有一本诗集，兴之所至就读上一段，而在我床头，则放着一本既可以随便从哪里开始读、又可以随便读到哪里都能放得下的书。可惜的是，这样的书非常少见。

跳跃式阅读和小说节选

在为《红书》[①] 开列书单时，我写了一个简短的评论，在那

① 《红书》是当时的一份文学杂志，曾约请毛姆开列供年轻人读书时参考的书单。

里我说："聪明的读者只要学会一目十行跳跃式阅读这种有用的技巧，就能在阅读时获得最大的享受。"确实，一个聪明的读者，是不会把读小说当作一项任务的。他为消遣才读小说。使他感兴趣的是小说中的人物，他关心他们在某种环境里怎样行动，以及他们的前途如何；他同情他们，和他们一起烦恼，一起欢乐；他把自己置于他们的境况中，在一定程度上就过着他们的生活。他们对生活的看法，对人类思索的某一伟大主题的态度，不管是用言语还是用行动表现出来的，都会在他身上引起共鸣，或者惊讶，或者欢乐，或者愤慨。不过，尽管如此，他仍本能地知道自己的兴趣所在，而且会像猎狗追逐狐狸一样寻觅它。有时因为作者的过错，读者会迷失方向，这时他就会到处漫游，直到重新发现自己感兴趣的东西为止。这就是跳跃式阅读。

人人都会跳跃式阅读，但要跳跃式阅读又不受损失，却并非易事。在我看来，这即便算不上天赋才能，大概也要积累大量的阅读经验后才能获得。包斯威尔[①]告诉我们，约翰逊博士[②]的跳读速度之快确实惊人："他具有一种特殊才能，可以毫不费劲地把一本书从头到尾浏览一遍，随即就抓住了其中最有价值的部分。"包斯威尔指的当然是那些具有资料价值或者教育意义的书。要是一部小说使人读起来也觉得费劲的话，按理说就没必要去读它了。令人遗憾的是，由于某些我很快就会谈到的原因，现在还

---

① 包斯威尔（1740—1795），英国传记作家，《约翰逊博士传》是其代表作。

② 塞缪尔·约翰逊（1709—1784），常被称为"约翰逊博士"，18 世纪英国文豪、文评家、诗人，第一部英语词典编纂者。

几乎没有哪部小说，能让读者一直兴致勃勃地从头读到尾。跳跃式阅读也许是一种不好的阅读习惯，但是读者不得已，只好如此。读者一旦开始跳跃，就很难控制自己，于是就有可能把许多有益的内容也漏读了。

我为《红书》开列的书单发表后不久，一位美国出版商向我提出一个建议，要用节选本形式出版我提到的那十部小说[①]，并请我为每部书作序。他的想法是，除了小说作者应该讲的，即作者提出的有关思想以及揭示人物性格的内容外，把其他的东西统统删掉，这样读者就会去读这些作品，而如果不把书中那些为数不少的、可称之为枝蔓的东西砍掉，很可能读者是不会读这些书的；现在，书里留下的全是有价值的内容，读者便可尽情享受一种智力活动并从中得到最大的乐趣。我起先觉得很吃惊；后来却想到，尽管我们中有些人已经掌握跳跃式阅读技巧，因而得益匪浅，可是大多数人还没有掌握，若有一个老练而有识别力的人先为他们作了删节，那对他们肯定是有益的。此外，要我为这几部书作序的建议也使我心动，于是就着手干了。有些文学研究者、教授和批评家会大声惊呼，会说名著理应按原样来读，而我却要把它们删节得支离破碎，实在是骇人听闻。那要看是怎样的名著。不能想象，如《傲慢与偏见》那样引人入胜的小说，或者如《包法利夫人》那样结构严谨的小说，可以作任何删节；

---

① 那十部小说是：简·奥斯丁的《傲慢与偏见》、列夫·托尔斯泰的《战争与和平》、巴尔扎克的《高老头》、亨利·菲尔丁的《汤姆·琼斯》、司汤达的《红与黑》、艾米莉·勃朗特的《呼啸山庄》、福楼拜的《包法利夫人》、狄更斯的《大卫·科波菲尔》、陀思妥耶夫斯基的《卡拉马佐夫兄弟》和梅尔维尔的《白鲸》。

但是，有见地的批评家乔治·桑兹伯利却说过：“像狄更斯所写的小说是可以浓缩的，虽然类似的情况并不多见。”删节本身无可指责，很少有哪个剧本，在演出前是没有经过大刀阔斧地删节的。这大有好处。多年前，我曾和萧伯纳①一起共进午餐，席间他对我说，他的剧本在德国上演要比在英国上演成功得多。他把这一点归因于德国人的睿智和英国公众的愚昧。其实他错了。在英国，他坚持要把他剧本中的每个字都念出来，而在德国，我看过他的话剧，那里的导演毫不留情地删掉了所有和戏剧主题无关的词句，反而使剧本产生了极佳的效果。不过，这一点我想还是不告诉他为好。我只是看不出有什么理由，小说就不能作类似的处理。

柯勒律治②在谈到《堂吉诃德》时曾说，这本书只值得从头到尾看上一遍，以后随便翻翻即可。他的意思就是说，书里有许多章节不仅枯燥无味，甚至荒诞不经，而你一旦知道这一点，就没有必要再花时间去读它们了。这是一本很重要的名著，一个自认为是文学研究者的人当然应该通读一遍（我自己通读过两遍英文译本，三遍西班牙文原著），但我不能不认为，为消遣而读的普通读者，即便根本不读那些兴味索然的部分，也不会错过什么，反而会更加关注对那位豪侠骑士和他那位憨厚侍从的有趣冒险所作的直接描述，以及他们之间生动的对话。事实上，有个西班牙出版商就曾把这本书缩成薄薄的一卷，读来

① 萧伯纳（1856—1950），英国著名剧作家。
② 柯勒律治（1772—1834），英国诗人、评论家。

兴味盎然。还有一部虽称不上伟大、但确实也很重要的小说，即塞缪尔·理查逊[1]的《克拉丽莎》，其篇幅之长，除了最有耐心的读者，恐怕谁都会望而生畏。我自己要不是碰巧找到一个节选本，大概也不会有胆量去读它的。此书节选得非常得当，以至我读它的时候并不觉得有什么遗漏。

我想多数人会承认，马塞尔·普鲁斯特[2]的《追忆逝水年华》是本世纪出现的最伟大的小说。我是普鲁斯特的狂热崇拜者，他的每一个字我都读得津津有味；有一次我还言过其实地宣称，我宁愿读普鲁斯特的书读得倒胃口，也不愿为了自娱去读其他作家的书。但是读了三遍之后，我现在打算承认，他的书并非每部分都是很有价值的。我觉得，对普鲁斯特因受当时的思潮影响而表述的那些冗长而繁复、现在已部分被人抛弃、部分又嫌陈腐的见解，将来的读者绝不会再感兴趣。于是我想，到那时，他将比现在更容易被人看作是个杰出的幽默作家，擅长于塑造新颖独特、性格迥异而又栩栩如生的人物形象，因而将与巴尔扎克、狄更斯和托尔斯泰并驾齐驱。很可能，将来总有一天，他的这部宏伟巨著也会有节选本问世，其中那些已由时间证明为无价值的段落将被删掉，而保留下来的，则是趣味隽永的精华。届时，《追忆似水年华》仍是部洋洋巨著，但它的节选本可能更加出类拔萃。安德烈·莫洛亚[3]写过一本极好的书——《回忆普鲁斯

---

① 塞缪尔·理查逊（1689—1761），英国小说家，重要作品有《帕米拉》和《克拉丽莎》等。

② 马塞尔·普鲁斯特（1871—1922），法国小说家，其代表作为长篇巨著《追忆似水年华》。

③ 安德烈·莫洛亚（1885—1967），法国散文家、传记作家。

特》。从其颇为复杂的叙述中，我得知普鲁斯特本来打算把他的这部小说分三卷发表，每卷仅四百页左右。然而，当第二、第三卷正在付印时，第一次世界大战爆发，书只好推迟出版。当时普鲁斯特因健康情况不佳而不能去服兵役，他就利用大量空余时间给第三卷增加了大量内容。“增加的许多东西，”莫洛亚说，“是心理学和哲学论文，在这些论文中，这位知者（我认为他指的是普鲁斯特本人而非小说中的那个叙述者）对人物的行动加以评论。”他接着又说：“根据这些材料，人们可以编纂一部颇具蒙田风格的散文集，如论音乐的作用、论艺术创新和论风格美，以及论不寻常的性格类型和论医学方面的鉴别，等等。”所有这些都具有真知灼见，但它们是否提高了小说本身的价值，我认为就要看你对小说这种体裁的基本功能持何种观点而定了。

这方面各人有各人的看法。威尔斯[①]写过一篇名为《当代小说》的有趣文章，他说：“在我看来，小说是唯一能使我们对那些因当代社会变化而成堆提出的问题中的大多数问题加以讨论的一种媒介。”将来，小说同样“是社会的协调者、相互了解的媒介、自我反省的工具、伦理道德的展示、生活方式的交流、风俗习惯的产地以及对法律制度和社会教条及思想的批判”，“我们（在小说中）探讨的是政治、宗教和社会问题。”威尔斯不能容忍那种把小说仅仅视为一种消遣手段的看法。他明确表示，他自己从不把小说看作为一种艺术形式。奇怪的是，当有人认为小说

① H. G. 威尔斯（1866—1946），英国小说家、小说理论家，著作甚多，但以其科幻小说而出名。

是一种宣传手段时，他也不同意：“因为在我看来，宣传一词是有特定含义的，它是为某个党派、教会或者某种学说服务的。”然而，现在这个词的含义已变得非常宽泛，泛指一种方式，即用口头、文字或者广告等形式，一再重复，以期说服别人相信，你在事物的真与假、好与坏、是与非或者美与丑等方面的观点是正确的，应该为所有的人所接受，而且作为行动准则。威尔斯的主要小说，其目的就是要传播某种学说和原则；那同样是宣传。

问题的关键在于，小说是不是一种艺术形式。它的目的是教育呢，还是娱乐？要是它的主要目的在于教育，那就不是一种艺术形式。因为艺术的主要目的是使人愉悦。这一点，诗人、画家以及哲学家都是一致同意的。然而，由于基督教总是教导人们心怀疑虑地把娱乐看作是会导致灵魂堕落的陷阱，艺术的真相使许多人深感震惊。显然，把娱乐看成是件好事要合理得多。不过仍需记住，有些娱乐确实会带来不良后果，因此避开它们也许更为明智。一般人总倾向于把娱乐看成是耽于声色的，这很自然，因为肉体的快感比精神的愉悦更加明显，也更为强烈；但这种观点肯定是错误的，因为既有肉体的娱乐，也有精神的娱乐，虽然后者不如前者那样强烈，却要比前者更加持久。《牛津词典》对艺术下的定义之一是：“应用于审美方面的技巧，如诗歌、音乐、舞蹈、戏剧、演说、文学等。”这话不错，只是后面还应加上“特别按现代习惯，应用于完美工艺中，并通过对象本身的完善性来表现自己的技巧”。我认为，这就是每个小说家的目标，但我们知道，小说家又是无法完全达到这个目标的。我想，我们可以把小说称为一种艺术形式，它或许是一种并不十分崇高的艺术，但仍然是一种艺术。它只是一种本质上不太完善的艺术形式。关于这方面的情况，我在各地所作的讲演中曾有所涉及，现在我要谈的并不比以前讲过的多，就从中简短地引用一些吧。

我认为，把小说当成布道场所或者课堂，那是一种陋习。要是读者以为能在读小说时轻松地获得知识，我相信他已误入歧途。知识只有通过勤奋才能获取，那是一件艰辛而枯燥的工作。如果我们能把某种含有知识信息、因而十分有用的“药粉”，裹在美味可口的小说“果酱”里一口吞下，那当然太好了。但实际情况是，在弄得这样可口之后，这“药粉”是否还有用，我们就不敢肯定了。因为小说家传递的知识会带有偏见，因而不可靠；而对事物有一种歪曲的了解，还不如不了解的好。我们没有理由要求一个小说家除了做小说家还得成为别的什么家。他只要是个好小说家，就足够了。他对许多事情都要懂一点，但要他在某个特殊领域成为一个专家，那不仅没有必要，有时甚至是有害的。他需要知道羊肉的味道，但不需要把一只羊都吃下去，吃一块羊肉就够了。这样，只要他对自己吃的羊肉有足够的想象力和表达能力，他就能很好地向你描述爱尔兰炖羊肉的味道如何。这就够了。如果他从这点出发，进而开始发表自己对牧羊业、羊毛工业以及澳大利亚政治局势①的观点，那么我们还是谨慎为妙，最好对他的观点持保留态度。

小说家常受其偏见的支配，他在选择题材、塑造人物和对人物的态度等方面，无不受此制约。无论他写什么，都是他个性的

① 澳大利亚是牧羊业和羊毛工业最发达的国家。

流露以及他的内心直觉、感情和经验的表现。无论他怎样想写得客观，他终究是他的癖好的奴隶。无论他怎样不偏不倚，都免不了失之偏颇。他用的是灌了铅的骰子①。小说家从小说一开始向你介绍人物起，就在引诱你对他的人物发生兴趣并表示同情。亨利·詹姆斯②一再强调，小说家要有演戏的才能。这种说法也许不太恰当，但却十分生动，因为小说家必须把他的材料安排得使你感兴趣。为此，他甚至会不惜牺牲真实性和可信性以获得预期效果。众所周知，具有知识性或者科学价值的著作，是绝对不能这样写的。小说家的目的不是教育，而是娱乐。

两种不同人称的小说

也许，小说主要有两种写法，而且各有各的优点和缺点。一种是第一人称的写法，另一种是第三人称的写法。用第二种写法，作者会告诉你他认为你应该知道的一切，帮助你随着故事的发展理解他的人物。他可以从内部描写人物的情感和动机，譬如某个人物穿过了街道，他就能告诉你，他（或者她）为什么要这样做，结果又怎样，等等。他还可以对一批人和一系列事件表示关注，然后又把他们束之高阁，开始关注另外一些人物和事件，这样使故事复杂化，以此重新唤起你可能已有所衰退的兴

---

① 灌了铅的骰子掷出后总会偏向某一面，是赌博中常用的作弊工具。此处表示：小说家总是有个人癖好的。

② 亨利·詹姆斯（1843—1916），美国出生的英国小说家、小说理论家，倡导小说改革。

趣，同时达到表现生活的丰富性、复杂性和多样性的目的。这种写法的缺点是：小说中的一批人物很可能会不及另一批人物有趣。举个著名的例子来说，如在《米德尔马契》[1] 中，当读者读到那些他不感兴趣的人物命运时，就会觉得非常厌烦。此外，用这种全知视角的写法创作小说，还要冒作品庞大累赘和冗长松散的风险。写这种小说的作家中，没有谁能比得上托尔斯泰，然而即便是托尔斯泰，也难免有上述缺点。这种写法向作者提出的要求是很难达到的。他必须深入到每个人物的内心，感其所感，思其所思；而他却有自己的局限，也就是说，只有当他以其自身作为人物的原型时，他才有可能做到这一点。如果不是这样，他就只能从外部去观察其他原型。然而，这样创造出来的人物，往往会缺少说服力，使读者难以信服。

我想，亨利·詹姆斯之所以十分关心小说形式，就是因为他意识到了这些缺点。他于是就想出了一种可称为“亚变种”的全知视角的写法。采用这种写法，作者仍然是无所不知的，但他只对某一个人物无所不知，而由于这个人物对其他人物并不全知，作者的无所不知也就很有限了。譬如，当作者写到“他看见她露出了笑容”时，他是无所不知的；但当他写到“他看出了她微笑中的冷嘲”时，就不是了；因为他把冷嘲赋予她的微笑，也许并没有适当的理由。毫无疑问，亨利·詹姆斯清楚地知道这种写法的实用性，那就是：他是通过某个特定的重要人物——如

① 《米德尔马契》，19世纪英国女作家乔治·艾略特（1819—1880）的长篇小说。

《大使》中的史特雷瑟——的所见、所闻、所思和所猜，来讲述故事和展示其他人物性格的，因而他觉得这样写可以防止枝节纷繁，小说的结构就必然会紧凑而简洁。此外，这种写法还赋予对象以真实感，因为你现在主要关心的只是一个人，慢慢地就相信了他告诉你的事。这里，读者应该知道的事情，是随着读者对人物的逐渐了解，逐渐地传达给读者的；而就在读者一步步地对那些令人困惑的、朦胧费解的、甚至不可知的事情的理解过程中，他享受到了阅读的乐趣。可见，这种写法使小说具有侦探故事中的那种神秘气氛和戏剧性，而这正是亨利·詹姆斯所渴望得到的小说效果。然而，一点一滴地透露事实真相也有危险，那就是：读者很可能比小说中那个正在探知事实真相的人物更加机灵，很可能会在作者希望他知道之前就已经猜到了——就是这么回事！我想，凡是在读《大使》的读者，大概都会越来越不耐烦地觉得，那个史特雷瑟实在愚钝，连明摆着的、别人都一目了然的事情，他也看不清；已成公开的秘密，他竟然还在猜，而且还猜不出。这表明，这种写法也有缺点。读者本不是傻瓜，而你却轻率地、无礼地把他当成了傻瓜。

既然大部分小说都使用全知视角的写法，那就只能假定，大多数小说家觉得这种方法在解决小说难点时基本上是令人满意的；不过，用第一人称的写法也有其优点。像亨利·詹姆斯采取的方法一样，它赋予叙述以真实感，而且扣紧主题；因为小说家此时只能讲述他亲眼所见、亲耳所闻或者亲身经历过的事情。要是十九世纪英国的那些大小说家当初能更多地采用这种写法，那就好了，因为他们的小说总写得结构松散，冗长而枝蔓横生。这可能是由于他们的小说是以连载形式发表的，也可能是一种民族癖性。第一人称写法的另一个优点，是容易使你对叙述者产生共鸣。你也许不赞赏他，但由于你的注意力一直集中在他身上，不由得便会同情他。不过，这种写法也有一个缺点，那就是当小说里的故事叙述者——如《大卫·科波菲尔》[①] 中那样——同时又是主人公时，他若告诉你说他是如何英俊而有魅力，不免会有自吹之嫌；他若讲述自己的英勇行为，又会给人以自负之感，而当读者都已看出女主人公在爱他时，他自己却不知道，似乎又显得很愚蠢。此外，没有一个写这类小说的作家能完全克服的另一个更大的缺点是：这类小说中自述经历的主人公，即中心人物，和他周围的其他人物比较起来，总显得苍白而不够生动。为什么会这样呢？我能提出的唯一解释是，因为小说家在主人公身上看到的是他自己。他是从内部主观地观察之后讲述他所观察到的东西的，所以他往往感到茫然失措或者优柔寡断；反之，当他从外部通过想象和直觉客观地观察其他人物时，要是他具有像狄更斯那样的才能的话，就会带着一种戏剧性的眼光兴味盎然地观察他们，对他们的怪癖会乐不可支，写出来的人物往往与众不同、栩栩如生，从而使他自己的肖像倒相形见绌了。

有一类用这种写法创作的小说曾经风靡一时，那就是书信体小说。书信当然都是用第一人称写的，只是出自不同的人之手。这类小说的优点就是非常富有真实感。读者很容易相信那些信件是真实的，相信它们确为某人所写，而正因为读者的轻信，他便

① 《大卫·科波菲尔》，狄更斯（1812—1870）的自传体长篇小说。

落入了小说家手中。小说家一开始就力求获得真实感：他会使你相信，他所说的事情确实发生过，即使像不可能发生的如明希豪森男爵[①]的故事，或者像卡夫卡[②]《城堡》中的令人不可思议的故事，他也要你相信可能是真的。但这类小说也有严重缺点。这是一种兜圈子的、故弄玄虚的讲故事方式，而且讲得过分谨慎。那些书信往往啰哩啰嗦，离题万里，读者不久便感到厌烦，所以这类小说也就自行消失了。有三部书信体小说大概可以算作名著，它们是《克拉丽莎》[③]、《新爱洛绮丝》[④]和《危险的关系》[⑤]。

然而，有一种用第一人称创作的小说，在我看来不仅克服了这种写法的缺点，还很好地利用了它的优点。也许这是一种最方便、最有效的小说写法。从赫尔曼·梅尔维尔[⑥]的《白鲸》一书中，便可看出使用这种写法的好处。在这种小说中，作者用第一人称讲述故事，但他并不是主人公，他讲的不是自己的故事。他是故事中的一个人物，和其他人物或多或少保持着联系。他并不决定情节，而是作为其他人物的知已朋友、仲裁者或者旁观者产生作用。就像希腊悲剧中的合唱队，他对自己所看到的事情加以思考；他可以恸哭，也可以提出忠告，但他没有资格影响事件的

---

① 明希豪森男爵，德国著名童话人物，即“吹牛大王”。

② 卡夫卡（1883—1924），奥地利小说家，《城堡》是其未竟长篇小说。

③ 《克拉丽莎》，18世纪英国作家塞缪尔·理查逊（1689—1761）的作品。

④ 《新爱洛绮丝》，18世纪法国作家让-雅克·卢梭（1712—1778）的作品。

⑤ 《危险的关系》，18世纪法国作家肖德洛·德·拉克洛（1741—1803）的作品。

⑥ 赫尔曼·梅尔维尔（1819—1891），美国小说家，《白鲸》为其代表作。

进程。他把读者当作知心朋友，把自己所知道的、希望的或害怕的事情都告诉读者，要是他觉得不知所措，也照样会坦率地讲出来。为了不至于让这个人物把作者希望隐瞒的事情也泄漏给读者，并不需要像亨利·詹姆斯处理《大使》中的史特雷瑟那样，使他显得很愚蠢。相反，他可以像作者自我描述的那样，目光敏锐、聪明伶俐。这里，故事叙述者和读者，对故事中的人物，对他们的性格、行为和动机，有着共同的兴趣；故事叙述者对这些人物的感受，也就是他要想激发读者产生的那种感受。所以，他所取得的真实效果，和作者本人作为小说主人公所获得的效果一样令人信服。他可以把主人公描述得既俊美又高尚，甚至可以给他戴上神圣的光环，而若在故事叙述者就是主人公的小说中，这样做就不可避免地会引起你的反感。显然，小说的这种写法有助于使读者对人物产生亲切感，增强小说的真实性，是很值得推荐的。

什么是好小说？

我想冒昧地谈一谈，在我看来一部好小说应该具有哪些特性。它的主题应该能引起广泛的兴趣，即：不仅能使一群人——不管是批评家、教授、有高度文化修养的人，还是公共汽车售票员或者酒吧侍者——感兴趣，而且具有较普遍的人性，对普通男女都有感染力。它的题材也应该能引起持久的兴趣：一个选择只有一时兴趣的题材进行创作的小说家，是个浅薄的小说家，因为人们一旦对这样的题材失去兴趣，他的小说也就像上星期的报纸一样不值一读了。作者讲述的故事应该合情合理而且有条有理；故事应该有开端、中间和结尾，结尾必须是开端的自然结局。情节要具有可能性，不仅要有利于主题展示，还应该是由故事自然产生的。小说中的人物要有个性，他们的行为应源于他们的性格，绝不能让读者议论说：“某某人是绝不会干那种事的。”相反，要读者不得不承认：“某某人那样做，完全是情理中的事。”我觉得，要是人物又很有趣，那就更好。福楼拜的《情感教育》虽然受到许多著名批评家的高度称赞，但他笔下的那个主人公却是个没有个性、没有生气、也没有任何特点的人，以至他的所作所为以及在他身上所发生的一切，都无法使人产生兴趣；结果，虽然小说中有许多出色之处，但整部小说还是令人难以卒读。我觉得，我必须解释一下，为什么我认为人物必须具有个性。因为要求小说家创造出完全新型的人物，是强人所难；小说家使用的材料是人性，虽然在各种不同的环境中人性千变万化，但也不是无限的；人们创作小说、故事、戏剧、史诗已有几千年历史，一个小说家能创造出一种新型人物的机会，可说微乎其微。回顾整个小说史，我所能想到的唯一具有独创性的人物，就是堂吉诃德。然而，即便是这个人物，我还是毫不惊讶地听说，有个知识渊博的批评家已为他找到了一个古老的祖先。因此，只要一个小说家能通过个性来观察他的人物，只要他的人物个性鲜明，而且鲜明到足以让人错以为他是一种独创的人物，那么这个小说家就已经是很成功了。

既然行为应源于性格，那么语言也应如此。一个上流社会女子，谈吐就应该像个上流社会女子；一个妓女的语言，就得像个妓女；一个在赛马场上招徕顾客的人或者一个律师，讲话也得符合各自的身份。（我不得不说，梅瑞狄斯①或亨利·詹姆斯的作品就有一个缺点，就是他们的人物都千篇一律地用梅瑞狄斯或亨利·詹姆斯的腔调说话。）小说中的对话不能杂乱无章，也不应该用来发表作者的意见；它必须服务于典型化人物的塑造和故事情节的发展。叙述的部分应该写得直截了当，要生动、明确，只需把人物的动机以及他们所处的环境令人信服地交代清楚，而不应过于冗长。文笔要简洁，使一般文化修养的读者阅读时也不觉得费劲；风格要和内容一致，就像式样精巧的鞋要和大小匀称的脚相配。最后，好的小说还应该引人入胜。我虽然把这一点放到最后说，但却是最基本的要点，没有这一点，其他一切全都会落空。一部小说在提供娱乐的同时越能发人深思就越好。“娱乐”一词有多种含义，提供乐趣或者消遣只是其中之一。人们容易犯的错误是，认为娱乐就其含义而言，消遣是唯一重要的。其实，《呼啸山庄》②《卡拉马卓夫兄弟》③ 或《项狄传》④ 同样具有娱乐性。虽然感染人的程度不同，但同样真实。当然，小说家有权处理那些和每个人都密切相关的重要主题，如：上帝的存在、灵魂的不朽、生命的意义及价值等等。但是，他在这样做的时候，

---

① 乔治·梅瑞狄斯（1828—1909），19 世纪英国小说家、诗人，著有《利己主义者》等中长篇小说。

② 《呼啸山庄》，19 世纪英国女作家艾米莉·勃朗特（1818—1848）的长篇小说。

③ 《卡拉马卓夫兄弟》，19 世纪俄国小说家陀思妥耶夫斯基（1821—1881）的长篇小说。

④ 《项狄传》，18 世纪英国小说家劳伦斯·斯特恩（1713—1768）的长篇小说。

最好记住约翰逊博士的至理名言："关于上帝、灵魂或者生命这样的主题，没有人再能发表新的真实见解，或者真实的新见解了。"即便这些主题是小说家所要讲述的故事的重要成分，而且对人物的典型化是必需的，会影响到人物的行为举止——也就是说，如果不是这样，他们就不会有那样的行为举止——小说家也只能指望而不能保证读者会对他所涉及的这些主题感兴趣。

即便一部长篇小说具有我提出的所有优点（这要求已相当高），它在形式上也会有这样那样的缺陷，就如白璧微瑕，很难做到尽善尽美。因此，没有一部长篇小说是十全十美的。一个短篇小说——根据它的篇幅，大约在十分钟到一个小时内就能读完，它的主题单一、明确，完整描写一个精神的或者物质的事件，或者描写一连串密切相关的事件——可能是十全十美的，可以做到不可增减的程度。我相信，像这样完美的境界，短篇小说是可以达到的，而且我认为要找到一批这样的短篇小说也不难。但是，长篇小说却是一种篇幅差异很大的叙事形式，它可以长得像《战争与和平》那样，同时表现一系列相互关联的事件，又同时表现许许多多人物；也可以短得像《卡门》[①] 那样。为了把故事讲得真实，作者总要讲到和故事有关的其他事情，而这些事情并不总是很有趣的。事件的发展往往需要有时间上的间隔，作者为了使作品得到平衡，就得尽力插入一些内容来填补因间隔而留下的空白。这样的段落称之为"桥"。大多数小说家虽然都天

① 《卡门》（一译《嘉尔曼》），19世纪法国小说家梅里美（1803—1870）的作品，一般认为是中篇小说。

生有“过桥”的才能，但在此过程中，枯燥无味却是难免的。小说家也是人，不可避免地会受时代风气的影响，更何况小说家的感受性还胜过一般人，因此他时常会不由自主地写出一些追随世风的、昙花一现的东西。举例来说，十九世纪之前的小说家是不太注意景物描写的，写到某物也至多一两句话；但是，当浪漫主义作家，如夏多布里昂①，受到公众喜爱后，为描写而描写就成了一时的风尚。某个人物上街到杂货店去买牙刷，作者也会告诉你，他路过的屋子是什么样子，店里出售的是什么商品，等等。黎明和夕阳、夜晚的星空、万里无云的晴天、白雪皑皑的山岭、阴森幽暗的树林——所有这一切，都会引来没完没了的冗长描写。许多描写固然很美，但离题万里。只是到了很久之后，作家们才明白，不管多么富有诗意、多么逼真形象的景物描写，除非它有助于推动故事的发展或者有助于读者了解人物的某些情况，否则就是多余的废话。这还是长篇小说偶尔才有的缺点，另一种缺点则是内在的、必然的。要完成一部洋洋洒洒的长篇小说是很费时日的，至少也得几个星期，一般需要好几个月，有时甚至要好几年。作家的创造力往往会衰退，这是很自然的事，这样他就只能硬着头皮坚持写下去。而在这种情况下写出来的东西，如果对读者还会有吸引力的话，那简直是惊人的奇迹了。

过去，读者总希望小说越长越好，因为他们花钱买小说，当然想读出本钱来。于是，作家们就挖空心思在所要讲述的故事中添加许多东西。他们找到了一个好办法，那就是在小说中插入小

① 夏多布里昂（1768—1848），19世纪法国浪漫派作家。

说，有时插入的部分长得像一部中篇小说，而和整部小说的主题又毫无关系，即使有，也是牵强附会的。《堂吉诃德》的作者塞万提斯就是这么做的，而且其大胆程度简直无人能与之相比。那些插入的文字，后来一直被视为是这部不朽名著的一个污点，现在已不再有人会耐心地去读它们了。正因为这一点，塞万提斯受到现代批评家的攻击。不过，我们知道，他在后半部里避免了这种不良倾向，因此要比前半部好得多，写出了那些被认为奇妙得不可思议的篇章。遗憾的是，他的后继者（他们肯定不读批评文章）并没有停止使用这种方法，他们继续向书商提供大量的廉价故事，足以满足读者的需要。到了十九世纪，新的出版形式又使小说家面临新的诱惑。月刊因为用很大篇幅刊登消遣文学而大获成功，对此虽有人嗤之以鼻，但它却为小说家提供了一个好机会，即：在月刊上连载小说可得到丰厚的报酬。几乎与此同时，出版商也发现，在月刊上连载知名作家的小说是有利可图的。按约定，作家要定期向出版商提供一定数量的小说，或者说要写满一定的页数。这样一来，就逼着他们慢吞吞地讲故事，一写就是洋洋万言。我们从他们自己说的话中就得知，这些连载小说作家、甚至连他们中最杰出的如狄更斯、萨克雷①和特罗洛普②等人也不时感到，要一次又一次定期交出等着连载的那部分小说，实在是一种难以承受的沉重负担。于是，他们只好把小说拉长，用不相干的内容把故事弄得拖泥带水。所以，考虑到那时的小说

① 萨克雷（1811—1863），19世纪与狄更斯齐名的英国小说家，长篇小说《名利场》是其传世之作。

② 安东尼·特罗洛普（1815—1882），19世纪英国小说家。

家要面对那么多的障碍和陷阱，当你发现那时最优秀的小说也有缺陷时就不会惊讶了。实际上，使我惊讶的倒是，它们的缺陷远没有我想象得那么多。

关于畅销书

某些批评家——不幸的是还有一部分自认为属于知识阶层的读者——竟然那么愚蠢，会因为一本书是畅销书就予以谴责。认为一部许多人想看、因而都去买的书，肯定比一部几乎无人想看、因而都不去买的书差，这实属蛮横无理。洛根·皮尔赛·史密斯[①]自己从一家瓶子工厂和一块家族墓地得到丰厚收入，却这么说到作家："为钱写作的作家，就不是在为我写作。"这样的言论愚蠢之极，只能说明他对文学史一无所知。约翰逊博士就是为了挣钱偿付母亲的殡葬费才写出英国文学中的不朽之作的，他还说过："除非是白痴，没有一个人愿意写作，除非是为了钱。"巴尔扎克和狄更斯也都不耻于为钱写作。批评家的任务是判明有关作品的成功与否，至于作家的写作动机，就像作品售出多少复本一样，其实与他无关。但是，他若是一个有思想的批评家，也会有兴趣去探究导致一部艺术作品产生的各种可能的动机，调查一下有哪些特殊的原因，使一部书同时会受到许多文化程度不同、嗜好各异的读者的青睐。在这方面，只要把《大卫·科波菲

① 此人不可考，可能是当时颇有名气的文学批评家。

尔》和《飘》[1]、把《战争与和平》[2]和《汤姆叔叔的小屋》[3]比较一下，他就会发现收获不小。

诚然，我不是说畅销书就一定是好书。它可能很糟。一本书很可能由于涉及当时正巧使公众感兴趣的某个事件而畅销；它很可能错误百出，但还是使普通读者趋之若鹜。只是，当公众不再对那个特殊事件感兴趣时，这本书也就被彻底遗忘了。一本书也可能由于色情而畅销，因为猥亵的读者总是大量存在的，倘若出版商和作者能够幸运地引起官方的注意并想来阻止的话，那么这本书的销量还会激增。一本书还可能由于满足了不少人的冒险和浪漫愿望而畅销，因为在现实生活中，人们的这两种愿望是不可能实现的。为了摆脱单调乏味的生活，唯一的途径就是沉溺于幻想，而若将这条路也堵死，那未免太苛刻了。在美国，近年来不断加强的广告宣传也大大增加了书籍的销量，包括小说和非小说，而且被大肆宣传的往往是一些没有什么价值的书；但我想，所有的出版商都会同意，不管他们在广告宣传方面花多少钱，都不可能使每个人都来读某一本书，除非这本书里有什么东西能吸引每一个人。广告宣传所能做的，仅仅是使那些本来就想读某本书的人注意到这本书而已。正因为某本书自身具有某种可读性，出版商才会做广告。尽管这本书很可能构思得很差，写得也很

---

① 《飘》，20世纪初美国女作家玛格丽特·米切尔（1900—1949）的长篇历史小说，也译作《乱世佳人》。

② 《战争与和平》，19世纪俄国作家列夫·托尔斯泰（1828—1910）的著名小说。

③ 《汤姆叔叔的小屋》，19世纪美国女作家斯托夫人（1811—1896）的长篇小说。

糟，平庸、做作、滥情或者不合情理，但它一定有某种能普遍吸引大众的东西。这就意味着，它至少在某种程度上或某个方面是成功的。指责人们不应该喜欢这样一本有那么多缺点的书，是无济于事的。人们已经喜欢了，就不在乎什么缺点。他们只知道书里有某种特别的东西使他们感兴趣。批评家如果能指出这是什么东西，那是很有好处的。只有这样，他们才能给我们以教益。

小说要有故事

为了自我提高，我一生中读了不少论小说的专著。总的来说，这些专著的作者都像 H. G. 威尔士一样，不愿把小说视为一种娱乐形式。他们一致同意，小说中的故事是无关紧要的。实际上，他们更倾向于认为，故事是阅读小说时的一种障碍，会分散读者的注意力，从而忽视了小说中他们认为的那些重要因素。看来，他们好像并不懂得，故事其实是小说家为拉住读者而扔出的一根性命攸关的救生绳索。他们认为，为讲故事而讲故事是小说庸俗化的表现。我觉得这观点太奇怪了，因为听故事的欲望在人类身上就像对财富的欲望一样根深蒂固。有史以来，人们就一直聚集在篝火旁或者市井处相互听讲故事。这种欲望始终很强烈，这可以从当今侦探小说的热销中得到证明。虽然把小说家仅仅看作故事员是对他的轻视和侮辱，但小说家要讲故事仍是事实。当然，我敢说没有人是这么看待小说家的。小说家通过自己所讲述的事件、选择的人物以及对他们的态度，为你提供一种对生活的评判。这种评判也许既不新颖也不深刻，但它已在那里了；其结果是，尽管他自己都没注意到，他已经通过他这种简单的方式成了一个道德家。道德不像数学，不是一门精确科学。道德标准不是一成不变的，原因是道德和人的行为密切相关，而我们大家都知道，人的行为往往是虚伪的、复杂的和多变的。

我们生活于一个动乱的世界，小说家理应关注这个世界。将来的世界也不会太平。自由总会受到威胁。我们总是处于忧虑、恐惧和挫折之中。过去不容置疑的社会准则，现在看来已大有疑问。但是，当小说涉及这样的严肃问题时，读者却会觉得枯燥乏味，这一点小说家并不是不知道。譬如，现在发明了避孕药，过去为保持贞洁所必须遵守的那种道德标准就不适用了。小说家很快就注意到由此而引起的两性关系变化，因此当他们想维持读者对小说的兴趣时，就一味地让他们的男女主人公频频上床。我认为这并不是个好办法。切斯特菲尔德爵士[①]曾对男女性交作过这样的评论：欢娱是一时的；情景是可笑的；代价是昂贵的。要是他活到今天并且读过现代小说的话，也许会这样评论：动作是千篇一律的；描写是重复冗长的；感觉是索然无味的。

目前，小说有一种倾向，就是注重刻画人物而不注重讲故事。当然，刻画人物很重要，因为只有当你熟悉了小说中的人物并对他们产生同情之后，你才会关心发生在他们之间的事情。但是，倾全力于刻画人物，而不注重人物之间发生的事情，这只是

---

① 切斯特菲尔德爵士（1694—1773），18 世纪英国政治家、外交家、作家，以知识渊博、见识卓越而著称。

小说的一种写法。另一种写法则是单纯讲故事，其间对人物的刻画却很马虎，或者很粗略，像这样的写法也同样有权存在。事实上，有不少闻名于世的好小说就是这么写的，如《吉尔·布拉斯》① 和《基督山伯爵》② 等。假如山鲁佐德③只知道刻画人物性格而不讲那些奇妙的故事，她的脑袋早就被砍掉了。

刘文荣 译

① 《吉尔·布拉斯》，18 世纪法国作家勒萨日（1668—1747）的长篇小说。

② 《基督山伯爵》，19 世纪法国作家大仲马（1802—1870）的长篇小说。

③ 山鲁佐德，即《一千零一夜》里给国王讲故事的女人，她因不断讲故事吸引残暴的国王而免遭杀害。

读书的艺术

[法]　安德烈·莫洛亚

安德烈·莫洛亚（André Maurois 1885—1967），法国传记作家、散文家、历史学家、小说家，于1939年当选为法兰西学院院士。重要作品有传记《雪莱传》《拜伦传》《雨果传》《巴尔扎克传》、散文集《人生五大问题》《生活的智慧》、历史学著作《英国史》《美国史》《法国史》，以及长篇小说《布朗勃尔上校的沉默》等。本文选自散文集《生活的智慧》。文中提到三种不同性质的读书：一是为读而读，即书呆子式的读书——这种读书，被动而无益；二是“娱乐性阅读”，即为寻找乐趣而读书——这种读书虽有益，但还算不上真正的读书；三是“工作性阅读”，即为提高思想修养而读书——这种读书，才是真正的读书。那么，怎样读书才能真正提高思想修养呢？作者继而提出了五条建议：(1)读书要有重点；(2)要读经典作品；(3)要学会自己选择；(4)要用心；(5)要读出自己的生活。这五条建议，看似容易，其实很难做到。这可谓读书的最高境界，一般读者也许并没有这样的指望。但不管怎么说，“法其乎上而得其中，法其乎中而得其下”，确立一个高标准，即使不能完全做到，结果也不会太坏。所以，本文还是非常值得一读。

读书是工作吗？瓦莱里·拉尔博[1]称其为“不受惩罚的罪恶”，而笛卡尔[2]却恰恰相反，称之为“与最为高尚的前人的谈话”。两者各有道理。

坏书对于沉溺其中的读者来说，无异于鸦片，使他们深陷于空幻的境地，脱离了现实世界。这类人对什么书都爱不释手，即便偶尔翻开一本百科书，读起水彩画技法的词条也跟读有关火力机械的词条一样有强烈的兴趣。他们独自关在房中，径直奔向堆满报刊的桌子，埋头于干巴巴的铅字之间，却从不冷静地想一想，动动脑筋。他们并不注重书中的思想内容和主题，只是一味地读下去，看不出字里行间的现实世界和思想实质。他们绝少从书中获益，对丰富的信息资料，也分不出价值的高低。他们读书完全是被动的，虽然在读，并不理解，不动脑子，更谈不上吸收。

相比之下，娱乐性阅读还较为积极。爱读小说的人，在书中寻求美的感受、情感的复苏和迸发，以及人间难遇的传奇。对他们来说，读书是一种乐趣。伦理学家和诗人喜欢在书本上重新找出自己过去的观察和感受。对他们，读书也是一种乐趣。还有一种以读书为乐的人，虽然没有研究某一确定的历史阶段，却也能认识到历史进程中人类共同的苦难。这种娱乐性阅读是有益的。

最后是工作性阅读。当某项工程设计在头脑中已有一条主线、需要加以完善和补充时，人们便到书中去寻找所需的某些特

---

① 瓦莱里·拉尔博（1881—1957），法国诗人、小说家、评论家。
② 勒内·笛卡尔（1596—1650），法国哲学家、科学家和数学家。

定知识和材料。这种工作性阅读，不需要惊人的记忆，手里有支铅笔或钢笔就可以了。这样读过书之后，当再想回味一下思想主题时，就没必要把整本书重读一遍了。请允许我举我个人的例子。当我读一本历史书或者其他严肃的书时，总要把书中的一些概括性的重要词句随手写在扉页上，并在每个词句后面标好页码。这样，在需要时，我不必重读全书，就可以直接找到要找的地方。

读书，和所有其他工作一样，也有规律可循。这里，我们提出几条：

第一，最好是熟知一部分作家的作品，而对大部分作家，只作一般性了解。初读一部作品，常常领略不到其精华所在。年轻时，泛舟书海，如同步入尘世一样，应去寻朋觅友。当发现知音，选择、确定之后，就要携手并进。一生中能与蒙田[①]、圣西门[②]、雷斯[③]、巴尔扎克以及普鲁斯特[④]交上朋友，那就很充实了。

其次，阅读时，在众多的作品中，要给伟大的作品一席显赫之地。当然，应该对当代作家感兴趣，这也是必要的。正是在他们之中，我们才有幸找到和我们有着共同的忧虑与需求的朋友。但是，不要把自己淹没在一般性书籍的海洋中。名著之多，我们

① 蒙田（1533—1592），法国作家、思想家。

② 圣西门（1760—1825），即克劳德-亨利·德·鲁弗鲁瓦，圣西门伯爵，法国哲学家、经济学家、空想社会主义理论创始人之一。

③ 雷斯（1613—1679），法国政治家、作家。

④ 马塞尔·普鲁斯特（1871—1922），法国著名小说家，代表作为长篇巨著《追忆似水年华》。

已经无暇一一问津。要相信前人的选择。一个人或许会看错，一代人也或许会看错，而整个人类不会看错。荷马史诗、塔西佗①、莎士比亚、莫里哀②等都肯定无愧于他们的荣誉。对于那些还没有来得及经受时间考验的作品，我们留待将来再去偏爱吧。

第三，认真选择精神食粮。不同的思想中都有适合我们自己的养料。所以，要学会辨认哪些作者是适合我们的。我们的朋友也可能和我们大相径庭。选读文学作品，就像选择恋爱对象一样，总会使别人感到吃惊。但我们要忠于自己的选择。在这方面，自我才是最公正的法官。

第四，读书要尽量聚精会神、苦思冥想，如同亲临一场美妙的音乐会，或一次神圣的仪式。一目十行、断断续续、心不在焉地读书，都不能算是读书。真正的读书，应该通宵达旦；应该为某个自己特别喜爱的作家而贡献出星期天的整个下午；应该为自己有机会在火车上重读巴尔扎克、司汤达的小说或者《九泉下的回忆》③ 中的某些章节而感到庆幸。或者当你在书中发现某个自己喜爱的句子或段落时，会欣喜若狂，就如音乐欣赏者在斯特拉文斯基④的《彼得鲁什卡》中听到了魔法师主题的出现。

---

① 塔西佗（约 55—约 120），古罗马历史学家。

② 莫里哀（1622—1673），艺名，真名让-巴蒂斯特·波克兰，17 世纪法国古典主义喜剧大师。

③ 《九泉下的回忆》，法国作家夏多布里昂写于 1809—1841 年间的自传体作品。

④ 斯特拉文斯基（1882—1971），美籍俄罗斯作曲家、指挥家、钢琴家，西方现代派音乐的重要人物。

第五，赋予伟大的作品以伟大的称号。因为，这些作品无论是描写西班牙客栈也好，还是描写爱情也好，读者总能从中读到他自己。被书中的抒情场景深深感动的人，不是对此情此景已有经历的成年人，就是虽无经历却对此情此景无比渴望的年轻人。一个去年读书还只是为了猎奇的年轻人，今天突然对《安娜·卡列尼娜》和《多米尼克》[1] 产生了强烈兴趣。为什么？因为就在今天，他感悟到了什么是爱的幸福和烦恼。再没有比这更令人感动了。伟大的社会活动家都是吉卜林[2]的忠实读者；伟大的政治家都是雷斯的忠实读者。非常有趣的是，在推翻摩洛哥政权的第二天，利奥泰[3]就一头扎进了莎士比亚的《科里奥兰纳斯》[4]。读书的艺术，在很大程度上，就是在书中重新发现生活、更准确地理解生活的艺术。

傅雷　译

① 《多米尼克》，法国作家弗罗芒坦创作于1863年的心理小说。

② 鲁德亚德·吉卜林（1865—1936），英国小说家、诗人，获1907年诺贝尔文学奖。

③ 利奥泰，当年摩洛哥政变的领导人。

④ 《科里奥兰纳斯》，莎士比亚创作于1607年的戏剧，讲述罗马将军科里奥兰纳斯反叛罗马帝国的故事。

论读书与批评

[英] W. H. 奥登

W. H. 奥登（Wystan Hugh Auden 1907—1973），英国诗人。早年就读于牛津大学时已是诗坛新秀，后成诗坛泰斗，领尽风骚，并任牛津大学诗学教授，追随者甚多，被称为“奥登派”或“奥登一代”。主要诗作有《阿基琉斯的盾牌》《向克莱奥女神致敬》《在屋内》和《无墙的城市》等。本文为奥登晚年所作，采用断想式的语录体形式，表述他对读书和文学批评的观感，论点睿智而独到，文笔犀利而洒脱，历来被学界视为别具一格的名篇佳作。本文前半篇谈读书，后半篇谈批评。撮其要义：一曰读书要自主，更要有悟性，自主而缺乏悟性，无异于乱读，徒劳无功；一曰批评要实用，更要有智慧，实用而缺乏智慧，不过是尽责，并无建树。究其深意，是将批评视为读书之帮助——批评家的智慧，可激励读者的悟性——因而，通篇与读书息息相关。文中隽语妙论随处可见，读之定会有所悟，有所得。

书像一面镜子：如果是一头驴子在看，绝不会从中看出圣徒的面容。

——G. C. **里奇登堡**[①]

只有带着某种全然个人的目的读书，才能读得兴致勃勃——这目的既可以是为了获取知识，也可以是对作家的憎恨。

——**保罗·瓦雷里**[②]

作家的兴趣和读者的兴趣永远不会一致，如果有这种情况，那纯粹是偶然的巧合。

大多数读者奉行双重标准：他们对作家随随便便，从不以诚相待，却要作家对他们绝对诚实。

阅读就像翻译，因为两个人的意识[③]不可能完全相同。三流读者就像三流译者，需要意译时他直译，需要直译时他意译。在阅读时，学识固然重要，但更重要是悟性，有些名气很大的学者，偏偏就是三流译者。

当我们读一本书时，不按作者的意图去理解往往获益更多，但只有当我们有自己的见解时才能这么说。作为读者，我们中的大多数人与其说有见解，不如说在捣乱，就如在广告上乱涂，在

---

① G. C. 里奇登堡（1742—1799），18世纪德国科学家、作家。
② 保罗·瓦雷里（1871—1945），20世纪法国象征派诗人。
③ 即作家的意识和读者的意识。

女模特脸上画胡子。

一本具有文学价值的书，其标志之一是经得起不同方式的阅读。色情作品之所以不具有文学价值，原因就在于，只要换一种方式去读，即不再从中寻求性刺激，而是将其视为作者的性变态表现，它们就变得令人恶心了。

虽然真正的文学作品经得起不同方式的阅读，但阅读的不同方式却数量有限，排列出来也没几种。有的阅读方法显然比别的好，有的则不然；有的阅读方法肯定有误，有的简直荒唐可笑，就像把小说倒过来读，令人莫名其妙。因此，有人说，如若流落荒岛，他宁愿身边只有一部词典，也不要什么文学名著，因为对读者来说，词典是绝对驯服的读物，可供你读上千遍万遍。

我们总是不能像读一位名作家的新作一样读一位新作家的作品。对新作家，我们往往不是只看到他的优点，就是只看到他的缺点；即使两者都看到了，也不能衡量孰轻孰重。对已经成名的作家，虽然我们喜欢他的作品，心里却依然明白，只有容忍他的缺点，才能欣赏他的艺术。尤其是对名作家的新作，我们的评价总不会单纯基于艺术标准，总会夹杂着往日的成见，因为他是早已成名的名作家。他不只是一位诗人或小说家，还是一部我们始终关心的传记里的主人公。

除非要比较谁好谁坏，否则，一位诗人不会认真去读另一位诗人的诗；同样，一位小说家也不会认真去读另一位小说家的小说。就算他读了，也只会作出这样的评论：我的天哪！我的前辈！我的亲人！我的敌人！我的兄弟！我的伙计，真蠢！

在文学作品中，宁可使用俗语，也不可辞不达意，就如杂货店里出售的葡萄酒，也比蒸馏水好喝。

趣味是否高雅，关键在于个人修养，而不是挑剔与排斥。有人为了趣味高雅而舍弃自己的爱好，但并不感到高兴，倒觉得不无遗憾。

娱乐性绝对不是无懈可击的批评原则，但的确是最安全可靠的标准。

儿童读书通常取决于是否有趣，尽管他们说不出乐趣到底来自哪里；比如，他们无法区分那是艺术享受呢，还是读书本身或胡思乱想带来的愉悦。在青春期，我们虽能感受到不同的乐趣，但有的乐趣不是立刻能感受到的，需要别人帮助，予以指导。无论在饮食方面，还是在文学欣赏方面，年轻人总要寻找自己可以信赖的导师，并按导师的指点选择食物，或文学作品。结果呢，难免装模作样，装得好像很喜欢吃橄榄，或很喜欢读《战争与和平》，其实并非如此。在二十至四十岁之间，我们逐渐认识到了自我，逐渐弄清楚了什么是我们可以逾越的临时障碍，什么是为人处世的基本底线，是不可逾越的，否则必遭惩罚。不过，不经历一番磨难，我们中很少有人能顺利完成这个自我认识过程。正是在这个过程中，一个作家最容易受其他作家或某种意识形态的影响，最容易误入歧途。常听到有作家说：“我知道我喜欢什么。”实际上，他应该说的是：“我不知道我有什么特别爱好，只不过是顺应潮流罢了。”因为在二十至四十岁之间，一个人若真有自己的特别爱好，最可靠的证明就是说不出自己究竟有什么特别爱好。四十岁以后，如果我们不失纯真的话，儿童时代的爱好又会卷土重来；这时，是否有趣又成了我们的读书准则。

虽然不该把艺术乐趣和其他乐趣混为一谈，但它们之间仍有相同之处；不同之处是，艺术乐趣是我们的独特感受，每个人都不同。其实，我们所作的任何判断，艺术判断也好，道德判断也好，不管我们自认为多么客观，总会有主观因素夹杂其间，甚至是文过饰非，也在所难免。任何人写诗、写小说，想把他的伊甸园想象成什么样子，随他怎么想都可以；但是，一旦他开始写评论，读者就有权要求他客观对待他要评论的那个伊甸园。因为唯有如此，读者才能对他的评论作出适当的评论。

如果要我写出我真心感激的诗人和小说家的名字，这张名单大概会有好几页——如果我不曾读过他们的作品，我这辈子的生活就不会这样充实。但是，如果要我写出我真心感激的批评家的名字，我至多只能想出十四个，其中十二个是德国人，还有两个是法国人。这是不是说明我有偏见[1]？是的。

如果说，好的批评家比好的诗人或小说家更为罕见，那么究其原因，其中之一就是人性中固有的唯我主义。诗人或小说家必须在自己的写作素材面前保持谦卑，因为他面对的是整个人生，而批评家呢，他的写作素材就是诗人或小说家，一群和他一样的人——要在这群人前面保持谦卑，就不那么容易了。显然，要一个人说“面对某某先生的作品，我的评论微不足道”要比说“面对整个人生，我的作品微不足道”困难得多。

有些人禀性过于自尊，成不了作家；同样，也成不了批评家。

天知道作家会有多么愚蠢。但是，总不会像某些批评家认为的那样愚蠢。我说的是这样一些批评家，他们指责某部作品或某个章节时，从不好好想一想，这样的指责是不是早就被作家料到了。

什么是批评家的职责？在我看来，他要给我以下一种或几种帮助：

（一）向我介绍迄今为止我还不知道的作家或作品。

（二）使我承认自己低估了某个作家或某部作品，原因是我

---

① 这是反话，意思是：他对英美批评家实在不敢恭维。

阅读时不够认真仔细。

（三）向我表明不同时代和不同文化背景的作品之间的联系，因为我的知识有限，若不经他指出，我永远不得而知。

（四）对某部作品提出一种诠释，可以加深我对该作品的理解。

（五）阐明艺术创作的过程。

（六）阐明艺术与人生、科学、经济学、伦理学、宗教等的关系。

要给我前三种帮助，必须博学。一个批评家不仅要有学识，而且他的学识还必须对他人有用。一个能背出电话簿里所有电话号码的人，是不能称为学者的，因为我们绝不会要他来培养学生，传授这样的“学识”。当然，学识的多寡，是相对而言的。对一般人来说，批评家的学识要多一点，因为他读过相关的书，而一般人还没有读过。长远来说，批评家的学识必定是有用的，只是他自己并不一定意识到。常有这样的情况：老师教授知识，学生反而比老师更明白知识的价值所在。读学识渊博的批评家写的评论文章，他的旁征博引，往往比他的评论本身更使读者获益。

要给我后三种帮助，需要的不是学识，而是智慧。批评家有无智慧，主要表现在他提出的问题是否引人深思；至于他对问题的回答，即便不正确也无大碍。谁都知道，很少有人愿意接受托尔斯泰在《什么是艺术》一书中得出的结论，但只要读过这本书的人，谁都忘不了他提出的那些问题。

唯有一件事，我不愿求助于批评家，那就是：我不想让他告诉我，应该喜欢什么或讨厌什么。我并不反对他告诉我，他自己对作家和作品的好恶；这其实对我很有用，因为从他对我已知的作品的好恶中，可以推知他对我尚未读过的作品会作出怎样的判断。不过，我不允许他把自己的好恶强加于我。我喜欢读什么书是我自己的事，任何人休想越俎代庖。

对作家自己发表的议论，应该大大予以保留，不可全信。因为他发表议论往往表明他对自己的写作没有把握，还在捉摸自己下一步该怎么写，或者该避免怎么写。因为作家不同于科学家，很少交流，不知道他的同行在干什么，甚至比一般人还要闭塞。一位三十多岁的诗人，很可能既满腔热情地写诗，又满腔热情地读诗，但在他读的作品中，怎么说也不会有多少是当代诗人写的。

我们中有谁能郑重其事地说，自己从未一知半解地指责过某部作品或某个作家？但大多数人都能说，从未赞扬过自己没有读过的作品。

“不要以恶报恶，要以德报怨。”这样的戒律，在生活中很难恪守，而在艺术中，应该成为常识。坏作品是常有的，但再坏的作品，也只能存在一段时间，因为某一类坏作品迟早会被另一类坏作品取代。所以，用不着攻击坏作品，它们是自生自灭的。批评家对自己认定的坏作品，唯一明智的做法是保持沉默；与此同时，对自己认定的好作品要热情赞扬——特别是当好作品被人忽视或低估时，更应该如此。要是没有麦考莱[1]对罗伯特·蒙哥马利[2]的评论，我们至今也不会认为蒙哥马利是一位伟大的诗人。

确有好作品被人不公正地忘记了，但绝没有哪部该忘记的作品被人记住了。

有些批评家争辩说，揭露某作家的坏作品是他们的道德责任，因为不这样，他可能会败坏其他作家。的确，年轻作家有可能被坏的老作家引入歧途，但好的老作家对他的影响也许更大。越具有独创性的老作家，对尚不成熟的年轻作家的吸引力越大。再说，有缺陷的作品也并非毫无用处，至少可以给人以警示，间接地帮助其他作家写出较好的作品。

要提高一个人的饮食品位（阅读品位也一样），不必告诉他说，他吃的东西有多么糟糕，比如，萝卜煮得太烂了，而只要劝他品尝一碟精美的菜肴就行了。不过，对有些人来说，直接用说教的方式对他们说："只有粗俗的人才吃这种煮得稀烂的萝卜，有教养的人应该吃用中国式烹饪法[3]做的萝卜。"也许效果更好。只是，这样的效果未必能持久。

---

① 托马斯·麦考莱（1800—1859），19 世纪英国历史学家、政治家、批评家。

② 罗伯特·蒙哥马利（1807—1855），19 世纪英国诗人，一度曾被人遗忘。

③ 在欧洲，"中国式烹饪法"曾被视为美食的同义词，只有贵族才能享用。

有一种有损文学尊严的罪过，必须予以公开而持久的谴责，不可视而不见、听之任之。那就是滥用语言。作家必须遵守约定俗成的语言习惯，不可杜撰语言来标新立异。败坏语言的人，自身也一定很败坏。不过，关心此事的批评家应该追根寻源、击中要害才是。根源其实不在文学界，而在普通人、媒体人和政客之类的人身上，是他们在滥用语言。当然，批评家自己更应该以身作则。然而，当今的英美批评家，又有几个能像卡尔·克劳斯①使用德语那样准确使用英语？

批评家大多只愿意评论值得一读的书，尽管有些书难免有缺点。不过，如果一个批评家是专为报纸的星期日版撰稿的话，他就不能按自己的意愿写作；否则，每三周中至少有一周，他的专栏会是空的。另一方面，任何有责任感的批评家，如果一定要在有限的版面内评论一部新诗集，唯一公正妥善的办法就是全部引用该诗集中的话。不过，他真这样做了，编辑先生会说他白拿稿费。

批评家给作家乱贴标签、乱分流派的恶习应受到指责。最初，批评家把作家划分为古代作家和现代作家，即指古希腊罗马时期的作家和中古时期②以后的作家；之后，他们按朝代划分，

① 卡尔·克劳斯（1874—1936），奥地利散文家、剧作家和诗人，被认为是20世纪最精通德语的语言大师。

② 即中世纪。

如：奥古斯都时代[1]的作家、维多利亚时代[2]的作家，等等。现在则按年代划分，什么三十年代作家，四十年代作家，不一而足。恐怕，他们很快就要像对待出厂的汽车一样，按年份贴标签了。实际上，按年代划分已经够荒唐了，因为这似乎是说，作家总在三十五岁左右就停止了创作[3]。至于“同时代人”一词，更加荒唐——我的“同时代人”也就是和我同时活在世上的人，他们既可能是半岁婴儿，也可能是百岁老翁。

作家，至少是诗人，经常会被人问到这样的问题——而且是明知故问——“你为谁写作?”不用说，这问题问得很愚蠢，但我也能给出一个愚蠢的回答。我偶尔会读到一本似乎专为我——为我一个人——写的书，这时我会像妒忌的情人一样，不希望别人要在我面前谈论这本书。拥有一百万这样的读者——他们互不认识，从不交谈，却同时在孜孜不倦地读你的书——这是个美梦，每个作家都做的美梦。

刘文荣　译

---

① 即18世纪，英国史上常称为“奥古斯都时代”。

② 即19世纪，英国史上常称为“维多利亚时代”。

③ 意思是：若按年代划分，作家好像只有10年创作期，而按作家一般在25岁左右开始创作，结果就成了这样。当然，这是有点夸张的嘲讽。

学问的趣旨

[日]　福泽谕吉

福泽谕吉（1835—1901），日本明治时期思想家、教育家。东京学士会院首任院长、庆应义塾大学创立者、明治六大教育家之一，其肖像现印在一万日元纸币正面，被视为现代日本文化开创者之一，重要著作有《劝学书》和《文明论概略》等。本文写于明治四年末（1871年12月），为《劝学书》首篇，实为全书绪论。取名“学问的趣旨”，其中“学问”有广义的读书之义，意指教育；“趣旨”即“意义所在”，故可释为“教育的意义所在”。本文要点有二：其一是，既然人人生来平等，为何当今世界人与人依然有贤愚、贫富、贵贱之分？回答是：个人“学问”有多有少；“学问”多者为贤、为富、为贵；“学问”少者为愚、为贫、为贱——可见读书之重要。其二是，既然各国都应自由独立，为何当今世界国与国仍有强弱之分，且强国每每凌辱弱国？回答是：国民“学问”有多有少；国民“学问”多者为强国；国民“学问”少者为弱国——可见鼓励读书、促进国民“学问”之重要。显然，本文所持，即所谓“读书强国论”——此系日本明治维新要义之一，后传入中国，曾为梁启超等人所鼓动。读书能否强国，姑且不论，但就个人而言，读书，乃至读闲书，肯定大有好处，这可谓妇孺皆知；唯有障碍，是人之惰性，不肯用功。本文适有励志、劝学之意，就此也值一读。

“天不生人上之人，也不生人下之人”，这就是说天生的人一律平等，不是生来就有贵贱上下之别的。人类作为万物之灵，本应依凭身心的活动，取得天地间一切物资，以满足衣食住的需要，大家自由自在、互不妨害地安乐度日。但如环顾今日的人间世界，就会看到有贤人又有愚人，有穷人又有富人，有贵人又有贱人，他们之间似乎有天壤之别。这究竟是怎么一回事呢？理由很明显。《实语教》① 说：“人不学无智，无智者愚人。”所以贤愚之别是由于学与不学所造成的。加之，世间有困难的工作，也有容易的工作，做困难工作的叫做身份高的人，做容易工作的叫做身份低的人。大凡从事操心劳神和冒风险的工作是困难的，使用手足从事劳力的工作是容易的。因此把医生、学者、政府官吏、做大买卖的巨商和雇用许多帮工的富农叫做身份高的贵人。由于身份高贵，家里也自然富足起来，从下面的人看来就高不可攀了。但如追根溯源，就可以知道这只是其人有无学问所造成的差别，并不是天命注定的。俗语说：“天不给人富贵，人们须凭勤劳来获得富贵。”所以如上所述，人们生来并无富贵贫贱之别，唯有勤于学问、知识丰富的人才能富贵，没有学问的人就成为贫贱。

① 《实语教》，日本古代的启蒙读本，全书由“山高故不贵，以有树为贵”开始，到“是学文之始，终身勿忘失”结束，系用汉诗式五言连句组成，内容强调智慧之道在于学习。

所谓学问，并不限于能识难字，能读难懂的古文，能咏和歌[①]和做诗等不切人世实际的学问。这类学问虽然也能给人们以精神安慰，并且也有些益处，但是并不像古来世上儒学家和日本国学家们所说的那样可贵。自古以来，很少汉学家善理家产；善咏和歌，而又精于买卖的商人也不多。因此有些具有心机的商贾农人，看到子弟全力向学，却担心家业中落，这种做父亲的心情是可以理解的，这就是这类学问远离实际不切合日常需要的明证。所以我们应当把不切实际的学问视为次要，而专心致力于接近世间一般日用的实学[②]，如学习伊吕波[③]四十七个字母，练习写信记账，学会打算盘和使用天平等等。更进一步，还有很多要学习的学科。例如地理学介绍日本国内及世界万国的风土情况；物理学考察天地万物的性质并探究其作用；历史是详记年代研究古今万国情况的典籍；经济学是从一身一家的生计讨论到国家世界的生计的学问；修身学则阐述合乎自然的修身交友和处世之道。在学习这些学问时，均可参考西洋的译本，书中内容大多用日本字母书写，学习至便。至于有才能的青年，则可兼学外文，对各项科学都实事求是，就每一事物深切追求真理，以满足当前的需要。以上是世间一般的实学。如果大家不分贵贱上下，都爱好这些学问，并有所体会，而后士农工商各尽其份，各自经营家业，则个人可以独立，一家可以独立，国家也就可以独立了。

---

① 和歌，日本古代的一种诗歌体裁。

② 实学，是福泽谕吉常用的术语，不仅指社会生活中必需的、实用的知识、技能，也意味着实验和实证的科学。

③ 伊吕波，日文字母按“伊吕波歌”顺序排列的一种读法，文中指日文字母表，一般常作序数词使用。

治学的要道在于懂得守本分。人们自降生到自然界以来，本来不受任何拘束。生为一个男人就是男人，生为一个女人就是女人，并且是自由自在的。但如仅仅高唱自由自在，而不懂得守本分，则易陷于恣情放荡。所以本分就意味着基于天理，顺乎人情，不妨害他人而发挥自己的自由。自由与恣情放荡的界限也就在于妨害他人与否。譬如花自己的钱，即使耽于酒色，放荡无忌，似乎是个人的自由，其实绝对不然。由于一个人的放荡能成为众人的榜样，终至于紊乱世间风俗，有伤教化，因此他所花的虽然是自己的钱，而其罪是不可宽恕的。

自由独立又不限于个人，还适用于国家。我们日本是远处亚洲东部的一个岛国，自古不与外国交接，仅凭本国的物产自给衣食，也并没有感到不足。自从嘉永年间美国人来日以后才开始对外交易①，一直演变到今天这种情况。开禁后议论纷纭，其中有人叫嚣锁国攘夷，但所见异常狭隘，有如俗语所谓“井底之蛙”，其议论是不足取的。日本和西洋各国都存在于同一天地之间，被同一太阳所照耀，观赏同一月亮，有着共同的海洋与空气，要是人民情投意合，将彼此多余的物资相互交换，并进行文化交流，就不会发生耻辱和骄矜的感觉，而能同获便利，共谋幸福，并本诸天理人情而互相友好。只要真理所在，就是对非洲的黑人也要畏服，本诸人道，对英美的军舰也不应有所畏惧。如果国家遭到侮辱，全体日本国民就应当拼着性命来抗争，以期不使

① 嘉永是年号名，当公元1848—1854年。1853年（嘉永六年）美国海军提督佩里（1794—1858）率舰来日，迫使日本开港通商，从此日本开始对外贸易。

国威失坠。只有这样才可以说是国家的自由独立。至于像中国人那样，觉得除本国以外似乎没有别国存在，一见着外国人就呼为夷狄，把他们看作四只脚的牲畜，贱视他们，厌恶他们，不计量自己的国力，而妄想驱逐他们，结果反为夷狄所窘[①]。这种情况实在是不懂得国家的本分之故，如就个人来说，就是未能理解天赋的自由，而陷入恣情放荡的状态了。我们日本自从王政维新[②]以来，政风大改。对外基于国际公法与各国建立邦交，对内向人民宣示自由独立的原则，例如允许平民冠姓[③]和骑马，就是开天辟地以来的盛举，可以说是奠定了士农工商四民平等的基础。今后在日本，除各人因才德地位而有相应的身份外，再也不会看到生下来就有的等级了。譬如人们不能对政府官吏无礼，虽然是理所当然的事，但并不是因为其人可贵，而只是因为他们具有才德，忠于职守，为国民执行可贵的国法，方才值得尊重，所以不是人贵而是国法之贵。在旧幕府时代，将军所用的茶僮在东海道[④]上通行无阻，是众所周知的。此外将军饲养的鹰比人还要尊贵，在路上碰到“御用”[⑤]的马就要让开，总之只要加上“御用”两个字，就是砖石瓦片也看成非常可贵的东西。这是因为人们从数千百年的往古以来，一方面虽然憎恶，一方面又自然相习

① 此处指1840年至1842年中英战争（即“第一次鸦片战争”）和1856年至1860年中英法战争（即“第二次鸦片战争”）。

② 王政维新即1868年的明治维新。

③ 冠姓，就是在名字前冠以代表家族的“姓”。明治维新前，日本平民有名无姓，也就是说，没有“家族”。

④ 东海道是德川幕府时代由东京经名古屋到京都的驿道。

⑤ “御用”指幕府将军所用。

成风，从而在上下之间造成恶习。但究竟都不是出于法的可贵与物的可贵，而只是政府施逞威力，使人生畏，以图妨害人们自由的卑鄙作法，即所谓不具实质的虚威罢了。到了现在，这种浅薄的风俗制度早已在日本国内绝迹。因此人人可以安心，即使对政府怀有不满情绪，也不必隐瞒起来，暗中埋怨，而应遵循正路，按照程序，心平气和地提出来，并毫不客气地加以批评。只要合乎天理人情，就是舍生拼命也要力争，这就是作为一国人民的本分。

如前所述，基于天理，个人和国家都是应当自由和不受拘束的。假如一国的自由遭到妨害，就是与全世界为敌也不足惧，假如个人的自由遭到妨害，则政府官吏亦不足惧。何况近来四民平等的基础已经建立，更可以人人安心，只要依凭天理就可以放胆行事。不过每个人都有他相应的身份，并须按照身份而具备相应的才德，要具备才德就须明白事理，要明白事理则须求学，这就是学问所以成为首要任务的缘故。

照现在的情形看来，农工商三民的身份已经比以前提高百倍，而呈现与士并肩之势，如果这三民中出现人才，政府已经开辟擢用之路。他们就应当重视自己的身份，再莫做出卑劣的事来。大概世界上再没有像无知文盲那样又可怜又可恶的了。由于无知之极，就会不知耻辱，由于自己无知而陷于贫穷与饥寒交迫之境，但又不求助自己，反而妄自怨恨邻近的富人，甚至纠集党徒，进行暴动，酿成变乱，真可谓恬不知耻，瞀不畏法了。这些人一方面尽量依赖国家的法制来保障本身的安全并维持一家人的生活，而另一方面又从自己的私欲出发来破坏所依赖的法制，岂不是自相矛盾？还有些出身清白和有相当财产的人，只顾发财，而不知教育子孙。这些子孙既未受到教育，其愚蠢自不足怪。结果有不少流于游惰放荡，使继承的祖业一朝化为烟云。统治这样的愚民，绝不能采取讲道理来唤醒他们的方法，只有用威力来使他们畏服。西洋的俗语说：愚民之上有苛政，就是指此而言。这并不是政府严厉，而是愚民自招的祸殃。由于愚民之上会有严厉政府，而良民之上会有良好政府乃是自然之理，因此现在我们日本国内既有这样的人民，也就有这样的政治。假如人民的品质比今天还要差，而且陷于不学文盲，那么政府的法制就会比现在更为严厉。又如人民都有志于学，明白事理，并能趋向文明风气，那么政府的法制就会达到宽厚大度的地步。可见法制的宽严，只按人民的德与无德来自然伸缩。没有人喜欢苛政而嫌恶仁政，也没有人不愿本国富强而甘受外国欺侮，这是人之常情。生于今世，具有报国之心的人，谁也不必身心交瘁，忧虑不安，只要他的主要努力方向是基于人情，首先端正本身的品行，笃志博学，并具备适应其身份的智德，则政府施政即易，人民也不会以受其统治为苦，从而各得其所，大家同心协力来维护全国的安宁秩序。现在我们劝学的宗旨也就在于此。

裘天立　译

中国篇

学问之趣味

梁启超

梁启超（1873—1929），字卓如，号任公，中国近代学者、作家。学识渊博，著述宏富，在史学、哲学、文学、伦理学、宗教学等诸多方面均有建树，尤以史学研究为专长，著有《清代学术概论》《中国历史研究法》《中国近三百年学术史》《先秦政治思想史》《中国文化史》等，为学界所敬重。本文原是演讲稿，最初发表于1922年8月12日《时事新报·学灯》。关于读书、做学问，梁氏开诚布公，倡导趣味主义，也就是“无所为而为”，或者说，为读书而读书，为学问而学问。这是第一要义——否则，若“有所为而为”，为入学、为求职、为晋升、为出名，读书便无趣味。此外，还要坚持和深入，也就是文中所说“不息”和“深入的研究”。坚持，就是养成读书的习惯，只要习惯了，甚至上瘾了，自然就有趣味。深入，就是要有好奇心，要有嗜好，这样才会往里钻，欲罢不能，趣味无穷。最后，还要有交流，也就是文中所说“找朋友”，因为交流时会有摩擦，一摩擦，便把更多趣味摩擦出来了。梁氏的趣味主义读书论，大体就是如此，相信你读了本文之后，一定会觉得，这种读书论本身就很有趣味。

我是个主张趣味主义的人，倘若用化学化分[1]“梁启超”这件东西，把里头所含一种原素名叫“趣味”的抽出来，只怕所剩下的仅有个零了。我以为凡人必须常常生活于趣味之中，生活才有价值；若哭丧着脸挨过几十年，那么，生活便成沙漠，要它何用？中国人见面最喜欢用的一句话：“近来做何消遣？”这句话我听着便讨厌。话里的意思，好像生活得不耐烦了，几十年日子没有法子过，勉强找些事情来消它遣它。一个人若生活于这种状态之下，我劝他不如早日投海。我觉得天下万事万物都有趣味，我只嫌二十四点钟不能扩充到四十八点，不够我享用。我一年到头不肯歇息，问我忙什么，忙的是我的趣味，我以为这便是人生最合理的生活，我常常想动员别人也学我这样生活。

凡属趣味，我一概都承认它是好的。但怎么才算趣味？不能不下一个注脚。我说：“凡一件事做下去不会生出和趣味相反的结果的，这件事便可以为趣味的主体。”赌钱有趣味吗？输了，怎么样？吃酒，有趣味吗？病了，怎么样？做官，有趣味吗？没有官做的时候，怎么样……诸如此类，虽然在短时间内像有趣味，结果会闹到俗语说的“没趣一起来”，所以我们不能承认它是趣味。凡趣味的性质，总是以趣味始，以趣味终。所以能为趣味之主体者，莫如下面的几项：一、劳作，二、游戏，三、艺术，四、学问。诸君听我这段话，切勿误会，以为我用道德观念来选择趣味。我不问德不德，只问趣不趣。我并不是因为赌钱不道德才排斥赌钱，因为赌钱的本质会闹到没趣，闹到没趣便破坏

---

① 化分，今作“成分”。

了我的趣味主义，所以排斥赌钱。我并不是因为学问是道德才提倡学问，因为学问的本质，能够以趣味始，以趣味终，最合于我的趣味主义条件，所以提倡学问。

学问的趣味，是怎么一回事呢？这句话我不能回答。凡趣味总要自己领略，自己未曾领略得到时，旁人没有法子告诉你。佛典说的："如人饮水，冷暖自知。"你问我这水怎样的冷，我便把所有形容词说尽，也形容不出给你听，除非你亲自喝一口。我这题目：《学问之趣味》，并不是要说学问是如何如何的有趣味，只是要说如何如何便会尝得着学问的趣味。

诸君要尝学问的趣味吗？据我所经历过的，有下列几条路应走：

第一，无所为。趣味主义最重要的条件是"无所为而为"。凡有所为而为的事，都是以另一件事为目的而以这一件事为手段。为达目的起见，勉强用手段；目的达到时，手段便抛却。例如学生为毕业证书而做学问，著作家为版权而做学问，这种做法，便是以学问为手段，便是有所为。有所为虽然有时也可以为引起趣味的一种方法，但到趣味真发生时，必定要和"所为者"脱离关系。你问我："为什么做学问？"我便答道："不为什么。"再问，我便答道："为学问而学问。"或者答道："为我的趣味。"诸君切勿以为我这些话是故弄玄虚，人类合理的生活本来如此。小孩子为什么游戏？为游戏而游戏。人为什么生活？为生活而生活。为游戏而游戏，游戏便有趣；为体操分数而游戏，游戏便无趣。

第二，不息。"鸦片烟怎样会上瘾？""天天吃。""上瘾"这两个字，和“天天”这两个字是离不开的。凡人类的本能，只要哪部分搁久了不用，他便会麻木，会生锈。十年不跑路，两条腿一定会废了。每天跑一点钟，跑上几个月，一天不跑时，腿便发痒。人类为理性的动物，“学问欲”原是固有本能之一种，只怕你出了学校便和学问告辞，把所有经管学问的器官一起打入冷宫，把学问的胃口弄坏了，便山珍海味摆在面前也不愿意动筷了。诸君啊！诸君倘若现在从事教育事业或将来想从事教育事业，自然没有问题，很多机会来培养你的学问胃口。若是做别的职业呢，我劝你每日除本业正当劳作之外，最少总要腾出一点钟，研究你所嗜好的学问。一点钟哪里不消耗了，千万不要错过，闹成“学问胃弱”的征候，白白自己剥夺了一种人类应享之特权啊！

第三，深入的研究。趣味总是慢慢地来，越引越多，像倒吃甘蔗[①]，越往下才越得好处。假如你虽然每天定有一点钟做学问，但不过拿来消遣消遣，不带有研究精神，趣味便引不起来。或者今天研究这样，明天研究那样，趣味还是引不起来。趣味总是藏在深处，你想得着，便要进去。这个门穿一穿，那个门张一张，再不曾看见“宗庙之美，百官之富”，如何能有趣味？我方才说：“研究你所嗜好的学问。”嗜好两个字很要紧。一个人受过相当教育之后，无论如何，总有一两门学问和自己脾胃相合，而已经懂得大概，可以作加工研究之预备的。请你就选定一门作为终身正业（指从事学者生活的人说），或作为本业劳作以外的

---

① 甘蔗上端细，下端粗，一般从下往上吃，越吃越细；“倒吃甘蔗”就是倒过来从上往下吃，越吃越粗。

副业（指从事其他职业的人说）。不怕范围窄，越窄越便于聚精神；不怕问题难，越难越便于鼓勇气。你只要肯一层一层的往里面钻，我保你一定被它引到欲罢不能的地步。

第四，找朋友。趣味比方电，越摩擦越出。前两段所说，是靠我本身和学问本身相摩擦，但仍恐怕我本身有时会停摆，发电力便弱了。所以常常要仰赖别人帮助。一个人总要有几位共事的朋友，同时还要有几位共学的朋友。共事的朋友，用来扶持我的职业，共学的朋友和共玩的朋友同一性质，都是用来摩擦我的趣味。这类朋友，能够和我同嗜好一种学问的自然最好，我便和他搭伙研究。即或不然，他有他的嗜好，我有我的嗜好，只要彼此都有研究精神，我和他常常在一块或常常通信，便不知不觉把彼此趣味都摩擦出来了。得着一两位这种朋友，便算人生大幸福之一。我想只要你肯找，断不会找不出来。

我说的这四件事，虽然像是老生常谈，但恐怕大多数人都不曾这样做。唉！世上人多么可怜啊！有这种不假外求、不会蚀本、不会出毛病的趣味世界，竟没有几个人肯来享受！古书说的故事“野人献曝”①，我是尝冬天晒太阳滋味尝得舒服透了，不忍一人独享，特地恭恭敬敬的来告诉诸君。诸君或许会欣然采纳吧？但我还有一句话：太阳虽好，总要诸君亲自去晒，旁人却替你晒不来。

---

① “野人献曝”故事出自《列子·杨朱》：宋国有个贫苦农民，不知道天下有高大舒适温暖的住房，也不知道有丝绵、狐皮之类的衣服，他冬天在地里干活，太阳照在身上，感到特别舒服；于是，他就决定，把自己的这个发现献给国君，相信会得到重赏。作为成语，“野人献曝”常用作向人提建议时的客套话，表示自己提出的建议不过是一得之见。

读书之方法

梁启超

本文选自《国学入门书要目及其读法》，题目为编者所加。文中大力推荐的读书方法，就是“抄录或笔记”。相传梁氏名言“天下文章一大抄”，大概就出典于此。其实，梁氏并无此言，更无“写文章就是相互抄袭”之意。他所提倡的是，要使读书有效而有趣，不妨以写文章为鞭策，促使自己去寻找、研读和抄录相关资料，如此而已。或许，由于他竭力强调写文章就有抄录资料的必要，有人将此戏言为“天下文章一大抄”，不料竟被讹传为梁氏名言了。除了提倡抄书，本文还说到读外国书有何好处和坏处、读中国书有何好处和坏处，以及，为何有些书最好能熟读成诵，等等，皆为中肯至理之言，若非大学问家，是说不出的。

若问读书方法，我想向诸君上一个条陈①。这方法是极陈旧的，极笨极麻烦的，然而实在是极必要的。什么方法呢？是抄录或笔记。

我们读一部名著，看见它引征那么繁博，分析那么细密，动辄伸着舌头说道：“这个人不知有多大记忆力，记得许多东西，

---

① 条陈，旧时下级向上级分条讲述事情、建议或意见的文书。

这是他的特别天才，我们不能学步了。”其实哪里有这回事。好记性的人不见得便有智慧，有智慧的人比较的倒是记性不甚好。你所看见者是他发表出来的成果，不知他这成果原是从铢积寸累、困知勉行得来。大抵凡一个大学者平日用功总是有无数小册子或单纸片，读书看见一段资料觉其有用者即刻抄下（短的抄全文，长的摘要记书名卷数页数）。资料渐渐积得丰富，再用眼光来整理分析它，便成为一篇名著。想看这种痕迹，读赵瓯北①的《二十二史札记》、陈兰甫②的《东塾读书记》最容易看出来。

这种工作笨是笨极了，苦是苦极了，但真正做学问的人总离不了这条路。做动植物的人懒得采集标本，说他会有新发明③，天下怕没有这种便宜事。

发明的最初动机在注意，抄书便是促醒注意及继续保存注意的最好方法。当读一书时，忽然感觉这一段资料可注意，把它抄下，这件资料自然有一微微的印象印入脑中，和滑眼看过不同。经过这一番后，过些时碰着第二个资料和这个有关系的，又把它抄下。那注意便加浓一度。经过几次之后，每翻一书，遇有这项资料，便活跳在纸上，不必劳神费力去找了。这是我多年经验得来的实况。诸君试拿一年工夫去试试，当知我不说谎。

先辈每教人不可轻言著述，因为未成熟的见解公布出来，会自误误人，这原是不错的，但青年学生“斐然当述作之誉”，也

---

① 赵翼（1727—1814），字云崧，号瓯北，清代诗人、史学家、学者。

② 陈澧（1810—1882），字兰甫，号东塾，清代著名学者。

③ 即“发现”，当时尚无科学“发现”和技术“发明”之分，说到科技，均说“发明”。

是实际上鞭策学问的一种妙用。譬如同是读《文献通考》的《钱币考》，各史《食货志》中钱币项下各文，泛泛读去，没有什么所得，倘若你一面读一面便打主意做一篇中国货币沿革考，这篇考做的好不好另一问题，你所读的自然加几倍受用。

譬如同读一部《荀子》，某甲泛泛读去，某乙一面读一面打主意做部《荀子学案》，读过之后，两个人的印象深浅，自然不同。所以我很奖励青年好著书的习惯，至于所著的书，拿不拿给人看，什么时候才认成功，这还不是你的自由吗？

每日所读之书，最好分两类，一类是精熟的，一类是浏览的。因为我们一面要养成读书心细的习惯，一面要养成读书眼快的习惯。心不细则毫无所得，等于白读；眼不快则时候不够用，不能博搜资料。诸经、诸子、四史、通鉴等书，宜入精读之部，每日指定某时刻读它，读时一字不放过，读完一部才读别部，想抄录的随读随抄；另外指出一时刻，随意涉览，觉得有趣，注意细看，觉得无趣，便翻次页，遇有想抄录的，也俟读完再抄，当时勿窒其机。

诸君勿因初读中国书，勤劳大而结果少，便生退悔。因为我们读书，并不是想专向现时所读这一本书里讨现钱现货的，得多少报酬，最要紧的是涵养成好读书的习惯，和磨炼出好记忆的脑力。青年期所读各书，不外借来做达这两个目的的梯子。我所说的前提倘若不错，则读外国书和读中国书当然都各有益处。外国名著，组织得好，易引起兴味，它的研究方法，整整齐齐摆出来，可以做我们的模范，这是好处；我们滑眼读去，容易变成享现成福的少爷们，不知甘苦来历，这是坏处。中国书未经整理，一读便是一个闷头棍，每每打断兴味，这是坏处；逼着你披荆斩棘，寻路来走，或者走许多冤枉路（只要走路断无冤枉，走错了回头，便是绝好教训），从甘苦阅历中磨炼出智慧，得苦尽甘来的趣味，那智慧和趣味都最真切，这是好处。

还有一件，我在前项书目表中有好几处写“希望熟读成诵”字样，我想诸君或者以为甚难，也许反对说我顽旧，但我有我的意思。我并不是奖劝人勉强记忆，我所希望熟读成诵的有两种类：一种类是最有价值的文学作品，一种类是有益身心的格言。好文学是涵养情趣的工具，做一个民族的分子，总须对于本民族的好文学十分领略，能熟读成诵，才在我们的下意识里头，得着根柢，不知不觉会发酵。有益身心的圣哲格言，一部分久已在我们全社会上形成共同意识，我既做这社会的分子，总要彻底了解它，才不至和共同意识生隔阂。一方面我们应事接物的时候，常常仗它给我们的光明，要平日摩得熟，临时才得着用。我所谓有些书希望熟读成诵者就在此。但亦不过一种格外希望而已，并不谓非如此不可。

我的读书经验

蔡元培

蔡元培（1868—1940），字鹤卿，号孑民，学者、教育家。曾任中华民国教育总长、北京大学校长、大学院院长、中央研究院院长等职，重要著作有《蔡元培自述》和《中国伦理学史》等。本文选自《蔡元培自述》。文中自谦地称他的读书“不得法”：一是“不能专心”，二是“不能勤笔”。所谓“不能专心”，不是说读书不用心，而是指读书太杂：不管文科理科，不论古今中外，什么都读，结果什么都只是“半吊子”。所谓“不能勤笔”，不是说懒得写文章，而是指读书太粗略，既不抄录，也不在书上做记号，结果是：读过的书都成模模糊糊的记忆，要想引用时，还得重读，费时劳神，事倍功半。当然，他所说的是做学问的读书，不是读闲书。不过，即便是读闲书，也总想读到点东西吧？或者说，总要寻求一点自我满足吧？如果是这样，那么本文所说的“经验”也是有用的——读闲书也不能太杂，什么都读，否则的话，时间长了会兴味索然；也不能太粗略，读过就忘，什么都不记，否则的话，读了也是白读。

我自十余岁起，就开始读书。读到现在，将满六十年了，中间除大病或其他特别原因外，几乎没有一日不读点书的。然而我没有什么成就，这是读书不得法的缘故。我把不得法的概略写出来，可以作前车之鉴。

我的不得法，第一是不能专心。我初读书的时候，读的都是旧书，不外乎考据、词章两类。我的嗜好，在考据方面，是偏于诂训及哲理的，对于典章名物，是不大耐烦的；在词章上，是偏于散文的，对于骈文及诗词，是不大热心的。然而以一物不知为耻，种种都读；并且算学书也读，医学书也读，都没有读通。所以我曾经想编一部《说文声系义证》，又想编一本《公羊春秋大义》，都没有成书。所为文辞，不但骈文、诗词，没有一首可存的，就是散文也太平凡了。到了四十岁以后，我开始学德文，后来又学法文，我都没有好好儿做那记生字、练文法的苦工，而就是生吞活剥的看书，所以至今不能写一篇合格的文章，作一回短期的演说。在德国进大学听讲以后，哲学史、文学史、文明史、心理学、美学、美术史、民族学，统统去听，那时候，这几类的参考书，也就乱读起来了。后来虽勉自收缩，以美学与美术史为主，辅以民族学；然而这类的书终不能割爱，所以想译一本美学，想编一部比较的民族学，也都没有成书。

我的不得法，第二是不能勤笔。我的读书，本来抱一种利己主义，就是书里面的短处，我不大去搜寻它，我只注意于我所认为有用的、或可爱的材料。这本来不算坏。但是我的坏处，就是我虽读的时候注意于这几点，但往往为速读起见，无暇把这几点摘抄出来，或在书上做一点特别的记号。若是有时候想起来，除了德文书检目特详，尚易检寻外，其他的书，几乎不容易寻到了。我国现在有人编“索引”、“引得”等等。又专门的辞典，也逐渐增加，寻检较易。但各人有各自的注意点，普通的检目，断不能如自己记别①的方便。我曾见胡适之先生有一个时期出门常常携一两本线装书，在舟车上或其他忙里偷闲时翻阅，见到有用的材料，就折角或以铅笔作记号。我想他回家后或者尚有摘抄的手续。我记得有一部笔记，说王渔洋②读书时，遇有新隽的典故或词句，就用纸条抄出，贴在书斋壁上，时时览读，熟了就揭去，换上新得的。所以他记得很多。这虽是文学上的把戏③，但科学上何尝不可以仿作呢？我因为从来懒得动笔，所以没有成就。

我的读书的短处，我已经经验了许多的不方便，特地写出来，望读者鉴于我的短处，第一能专心，第二能勤笔。这一定有许多成效。

---

① 记别，记录与识别。

② 王士祯（1634—1711），字子真、贻上，号阮亭，又号渔洋山人，人称王渔洋，清初杰出诗人、学者。

③ 把戏，原谓“杂技”，并无贬意。

读书

胡适

胡适（1891—1962），字适之，中国现代学者、作家，曾倡导“新文化运动”。重要著作有《中国哲学史大纲》《胡适文存》《胡适文存二集》《胡适文存三集》《胡适文存四集》和《先秦名学史》等。本文原是演讲稿，后收入《胡适文存三集》卷二。本文题为《读书》，原是演讲会策划者出的题目。作者受邀演讲，讲的是读书方法。要点有二：一为“精”，二为“博”。读书要“精”，就要“四到”，即：眼到、口到、心到、手到。读书要“博”，一为做学问，更为做人。做学问，不可不博，因为唯有博学，才会触类旁通，有所发现，有所建树；为做人，更不可不博，因为唯有知识多了，才会“对社会是极有用的人才，对自己也能充分享受人生的趣味”。

“读书”这个题，似乎很平常，也很容易。然而我却觉得这个题目很不好讲。据我所知，“读书”可以有三种说法：

（一）要读何书。关于这个问题，《京报副刊》上已经登了许多时候的“青年必读书”；但是这个问题，殊不易解决，因为个人的见解不同，个性不同。各人所选只能代表各人的嗜好，没有多大的标准作用。所以我不讲这一类的问题。

（二）读书的功用。从前有人作“读书乐”，说什么“书中自有千钟粟，书中自有黄金屋，书中自有颜如玉”，现在我们不说这些话了。要说，读书是求知识，知识就是权力。这些话都是大家会说的，所以我也不必讲。

（三）读书的方法。我今天是想根据个人经验，同诸位谈谈读书的方法。我的第一句话是很平常的，就是说，读书有两个要素：第一要精，第二要博。

现在先说什么叫“精”。

我们小的时候读书，差不多每个小孩都有一条书签，上面写十个字，这十个字最普遍的就是“读书三到：眼到、口到、心到”。现在这种书签虽不用，三到的读书法却依然存在。不过我以为读书三到是不够的；须有四到，是：眼到、口到、心到、手到。我就拿它来说一说。

眼到是要个个字认得，不可随便放过。这句话起初看去似乎很容易，其实很不容易。读中国书时，每个字的一笔一画都不放过，近人费许多工夫在校勘学上，都因古人忽略一笔一画而已。读外国书要把 A，B，C，D……等字母弄得清清楚楚。所以说这是很难的。如有人翻译英文，把 port 看作 pork，把 oats 看作 oaks，于是葡萄酒一变而为猪肉，小草变成了大树。说起来这种例子很多，这都是眼睛不精细的结果。书是文字做成的，不肯仔细认字，就不必读书。眼到对于读书的关系很大，一时眼不到，贻害很大，并且眼到能养成好习惯，养成不苟且的人格。

口到是一句一句要念出来。前人说口到是要念到烂熟背得出来。我们现在虽不提倡背书，但有几类的书，仍旧有熟读的必要：如心爱的诗歌，如精彩的文章，熟读多些，于自己的作品上也有良好的影响。读此外的书，虽不须念熟，也要一句一句念出来，中国书如此，外国书更要如此，念书的功用能使我们格外明了每一句的构造，句中各部分的关系。往往一遍念不通，要念两遍以上，方才能明白的。读好的小说尚且要如此，何况读关于思想学问的书呢？

心到是每章每句每字意义如何？何以如是？这样用心考究。但是用心不是叫人枯坐冥想，是要靠外面的设备及思想的方法的帮助。要做到这一点，须要有几个条件：

（一）字典，辞典，参考书等等工具要完备。这几样工具虽不能办到，也当到图书馆去看。我个人的意见是奉劝大家，当衣服，卖田地，至少要置备一点好的工具。比如买一本《韦氏大字典》，胜于请几个先生。这种先生终身跟着你，终身享受不尽。

（二）要做文法上的分析。用文法的知识，作文法上的分析，要懂得文法构造，方才懂得它的意义。

（三）有时要比较参考，有时要融会贯通，方能了解。不可但看字面。一个字往往有许多意义，读者容易上当。例如 turn 这字：

> 作外动字解有十五解，
> 作内动字解有十三解，
> 作名词解有二十六解，
> 共五十四解，而成语不算。

又如strike：

作外动字解有三十一解，

作内动字解有十六解，

作名词解有十八解，

共六十五解。

又如go字最容易了，然而这个字：

作内动字解有二十二解，

作外动字解有三解，

作名词解有九解，

共三十四解。

以上是英文字须要加以考究的例子。英文字典是完备的；但是某一字在某一句究竟用第几个意义呢？这就非比较上下文，或贯串全篇，不能懂了。

中文较英文更难，现在举几个例：

祭文中第一句“维某年月日”之“维”字，究作何解？字典上说它是虚字。《诗经》里“维”字有二百多，必须细细比较研究，然后知道这个字有种种意义。

又《诗经》之“于”字，“之子于归”、“凤凰于飞”等句，“于”字究作何解？非仔细考究是不懂的。又“言”字人人知道，但在《诗经》中就发生问题，必须比较，然后知“言”字为连接字。诸如此例甚多，中国古书很难读，古字典又不适用，非是用比较归纳的研究方法，我们如何懂得呢？

总之，读书要会疑，忽略过去，不会有问题，便没有进益。

宋儒张载[①]说：“读书先要会疑。于不疑处有疑，方是进矣。”他又说：“在可疑而不疑者，不曾学。学则须疑。”又说：“学贵心悟，守旧无功。”

宋儒程颐[②]说：“学原于思。”

这样看起来，读书要求心到；不要怕疑难，只怕没有疑难。工具要完备，思想要精密就不怕疑难了。

现在要说手到。手到就是要劳动劳动你的贵手。读书单靠眼到、口到、心到，还不够的；必须还得自己动动手，才有所得。例如：

(1) 标点分段，是要动手的。

(2) 翻查字典及参考书，是要动手的。

(3) 做读书札记，是要动手的。札记又可分四类：

(a) 抄录备忘。

(b) 作提要，节要。

(c) 自己记录心得。张载说：“心中苟有所开，即便札记。不则还塞之矣。”

(d) 参考诸书，融会贯通，作有系统的著作。

---

① 张载（1020—1078），北宋哲学家，理学创始人之一。
② 程颐（1033—1107），北宋理学家、教育家。

手到的功用。我常说：发表是吸收知识和思想的绝妙方法。吸收进来的知识思想，无论是看书来的，或是听讲来的，都只是模糊零碎，都算不得我们自己的东西。自己必须做一番手脚，或做提要，或做说明，或做讨论，自己重新组织过，申叙过，用自己的语言记述过，那种知识思想方才可算是你自己的了。

我可以举一个例。你也会说“进化”，他也会谈“进化”，但你对于“进化”这个观念的见解未必是很正确的，未必是很清楚的；也许只是一种“道听途说”，也许只是一种时髦的口号。这种知识算不得知识，更算不得是“你的”知识。假使你听了我这句话，不服气，今晚回去就去遍翻各种书籍，仔细研究进化论的科学上的根据；假使你翻了几天书之后，发愤动手，把你研究所得写成一篇读书札记；假使你真动手写了这么一篇“我为什么相信进化论？”的札记，列举了：

（一）生物学上的证据；

（二）比较解剖学上的证据；

（三）比较胚胎学上的证据；

（四）地质学和古生物学上的证据；

（五）考古学上的证据；

（六）社会学和人类学上的证据。

到这个时候，你所有关于“进化论”的知识，经过了一番组织安排，经过了自己的去取叙述，这时候这些知识方才可算是你自己的了。所以我说，发表是吸收的利器；又可以说，手到是心到的法门。

至于动手标点，动手翻字典，动手查书，都是极要紧的读书秘诀，诸位千万不要轻轻放过。内中自己动手翻书一项尤为要紧。我记得前几年我曾劝顾颉刚①先生标点姚际恒②的《古今伪书考》。当初我知道他的生活困难，希望他标点一部书付印，卖几个钱。那部书是很薄的一本，我以为他一两个星期就可以标点完了。哪知顾先生一去半年，还不曾交卷。原来他于每条引的书，都去翻查原书，仔细校对，注明出处，注明原书卷第，注明删节之处。他动手半年之后，来对我说，《古今伪书考》不必付印了，他现在要编辑一部疑古的丛书，叫做“辨伪丛刊”。我很赞成他这个计划，让他去动手。他动手了一两年之后，更进步了，又超过那“辨伪丛刊”的计划了，他要自己创作了。他前年以来，对于中国古史，做了许多辨伪的文字；他眼前的成绩早已超过崔述了，更不要说姚际恒了。顾先生将来在中国史学界的贡献一定不可限量，但我们要知道他成功的最大原因是他的手到的工夫勤而且精。我们可以说，没有动手不勤快而能读书的，没有手不到而能成学者的。

第二要讲什么叫“博”。

什么书都要读，就是博。古人说“开卷有益”，我也主张这

① 顾颉刚（1893—1980），现代学者，现代古史辨学派的创始人。
② 姚际恒（1647—约1715），清代学者。

个意思，所以说读书第一要精，第二要博。我们主张“博”有两个意思：第一，为预备参考资料计，不可不博。第二，为做一个有用的人计，不可不博。

第一，为预备参考资料计。

在座的人，大多数是戴眼镜的。诸位为什么要戴眼镜？岂不是因为戴了眼镜，从前看不见的，现在看得见了；从前很小的，现在看得很大了；从前看不分明的，现在看得清楚分明了？王荆公[1]说得最好：

> 世之不见全经久矣。读经而已，则不足以知经。故某自百家诸子之书，至于《难经素问本草》诸小说，无所不读；农夫女工，无所不问；然后于经为能知其大体而无疑。盖后世学者与先王之时异矣；不如是，不足以尽圣人故也。……致其知而后读，以有所去取，故异学不能乱也。惟其不能乱，故能有所去取者，所以明吾道而已。（《答曾子固》）

他说：“致其知而后读。”又说：“读经而已，则不足以知经。”即如《墨子》一书在一百年前，清朝的学者懂得此书还不多。到了近来，有人知道光学、几何学、力学、工程学等……一看《墨子》，才知道其中有许多部分是必须用这些科学的知识方才能懂的。后来有人知道了伦理学、心理学等……懂得《墨子》

---

① 王安石（1021—1086），封荆国公，世称王荆公，北宋丞相、学者、诗人，唐宋八大家之一。

更多了。读别种书愈多，《墨子》愈懂得多。

所以我们也说，读一书而已则不足以知一书。多读书，然后可以专读一书。譬如读《诗经》，你若先读了北大出版的《歌谣周刊》，便觉得《诗经》好懂的多了；你若先读过社会学、人类学，你懂更多了；你若先读过文字学、古音韵学，你懂得更多了；你若读过考古学、比较宗教学等，你懂得的更多了。

你要想读佛家唯识宗的书吗？最好多读点伦理学、心理学、比较宗教学、变态心理学。无论读什么书总要多配几副好眼镜。

你们记得达尔文研究生物进化的故事吗？达尔文研究生物演变的现状，前后凡三十多年，积了无数材料，想不出一个简单贯串的说明。有一天他无意中读马尔萨斯[①]的人口论，忽然大悟生存竞争的原则，于是得着物竞天择的道理，遂成一部破天荒的名著，给后世思想界打开一个新纪元。

所以要博学者，只是要加添参考的材料，要使我们读书时容易得“暗示”；遇着疑难时，东一个暗示，西一个暗示，就不至于呆读死书了。这叫做“致其知而后读”。

第二，为做人计。

专工一技一艺的人，只知一样，除此之外，一无所知。这一类的人，影响于社会很少。好有一比，比一根旗杆，只是一根孤拐，孤单可怜。

又有些人广泛博览，而一无所专长，虽可以到处受一班贱人的欢迎，其实也是一种废物。这一类人，也好有一比，比一张很

① 马尔萨斯（1766—1834），英国人口学家、政治经济学家。

大的薄纸，禁不起风吹雨打。

在社会上，这两种人都是没有什么大影响，为个人计，也很少乐趣。

理想中的学者，既能博大，又能精深。精深的方面，是他的专门学问。博大的方面，是他的旁搜博览。博大要几乎无所不知，精深要几乎惟他独尊，无人能及。他用他的专门学问做中心，次及于直接相关的各种学问，次及于间接相关的各种学问，次及于不很相关的各种学问，以次及毫不相关的各种泛览。这样的学者，也有一比，比埃及的金字三角塔。那金字塔高四百八十英尺，底边各边长七百六十四英尺。塔的最高度代表最精深的专门学问；从此点以次递减，代表那旁收博览的各种相关或不相关的学问。塔底的面积代表博大的范围，精深的造诣，博大的同情心。这样的人，对社会是极有用的人才，对自己也能充分享受人生的趣味。宋儒程颢[1]说的好：

> 须是大其心使开阔；譬如为九层之台，须大做脚始得。

博学正所以“大其心使开阔”，我曾把这番意思编成两句粗浅的口号，现在拿出来贡献给诸位朋友，作为读书的目标：

> 为学要如金字塔，
> 要能广大要能高。

---

① 程颢（1032—1085），程颐之兄，北宋理学家、教育家。

青年必读书

——应《京报副刊》的征求

鲁迅

鲁迅（1881—1936），笔名，真名周树人，中国现代作家。著有杂文集、散文集和短篇小说集多卷，重要的有杂文集《华盖集》《而已集》《且介亭杂文》、散文集《野草》和短篇小说集《呐喊》《彷徨》等。本文最初发表于1925年2月21日《京报副刊》，后收入《华盖集》。1925年1月间，《京报副刊》刊出启事，征求“青年爱读书”和“青年必读书”各十部的书目。本文是作者应约对后一项所作的答复，其要点是：“我以为要少——或者竟不——看中国书，多看外国书。”需要说明的是，这里的“中国书”，是指古书，或所谓的“经书”、“圣贤书”，而“要少——或者竟不——看”，是指青年，并不是说，所有中国人都要少看或不看所有中国书。否则，连作者自己的书也是中国书，难道也不看？当然不是这个意思。然而，本文发表后仍引起极大争议，有人甚至在报上予以攻击。对此，作者又写了《报“奇哉所谓……”》《这是这么一个意思》等文①，予以

① 后均收入《集外集拾遗》。

还击。为充分理解作者的观点，现将此二文作为附录呈现于本文后，以资参考。

青年必读书	**从来没有留心过，所以现在说不出。**
附注	但我要趁这机会，略说自己的经验，以供若干读者的参考—— 我看中国书时，总觉得就沉静下去，与实人生离开；读外国书——但除了印度——时，往往就与人生接触，想做点事。 中国书虽有劝人入世的话，也多是僵尸的乐观；外国书即使是颓唐和厌世的，但却是活人的颓唐和厌世。 我以为要少——或者竟不——看中国书，多看外国书。 少看中国书，其结果不过不能作文而已。但现在的青年最要紧的是“行”，不是“言”。只要是活人，不能作文算什么大不了的事。 （二月十日）

附录一：

报“奇哉所谓……”

有所谓熊先生者，以似论似信的口吻，惊怪我的“浅薄无知识”和佩服我的胆量。我可是大佩服他的文章之长。现在只能略答几句。

一、中国书都是好的，说不好即不懂；这话是老得生了锈的老兵器。讲《易经》的就多用这方法：“易”，是玄妙的，你以为非者，就因为你不懂。我当然无凭来证明我能懂得任何中国书，和熊先生比赛；也没有读过什么特别的奇书。但于你所举的几种，也曾略略一翻，只是似乎本子有些两样，例如我所见的《抱朴子》外篇，就不专论神仙的。杨朱的著作我未见；《列子》就有假托的嫌疑，而况他所称引，我自愧浅薄，不敢据此来衡量杨朱先生的精神。

二、“行要学来辅助”，我知道的。但我说：要学，须多读外国书。“只要行，不要读书”，是你的改本，你虽然就此又发了一大段牢骚，我可是没有再说废话的必要了。但我不解青年何以就不准做代表，当主席，否则就是“出锋头”。莫非必须老头子如赵尔巽者，才可以做代表当主席吗？

三、我说，“多看外国书”，你却推演为将来都说外国话，变成外国人了。你是熟精古书的，现在说话的时候就都用古文，并且变了古人，不是中华民国国民了吗？你也自己想想去。我希望你一想就通，这是只要有常识就行的。

四、你所谓“五胡中国化……满人读汉文，现在都读成汉人了”这些话，大约就是因为懂得古书而来的。我偶翻几本中国书时，也常觉得其中含有类似的精神——或者就是足下之所谓“积极”。我或者“把根本忘了”也难说，但我还只愿意和外国以宾主关系相通，不忍见再如五胡乱华以至满洲人入关那样，先以主奴关系而后有所谓“同化”！假使我们还要依据“根本”的老例，那么，大日本进来，被汉人同化，不中用了，大美国进来，被汉人同化，又不中用了……以至黑种红种进来，都被汉人同化，都不中用了。此后没有人再进来，欧美非澳和亚洲的一部都成空地，只有一大堆读汉文的杂种挤在中国了。这是怎样的美谈！

五、即如大作所说，读外国书就都讲外国话罢，但讲外国话却也不即变成外国人。汉人总是汉人，独立的时候是国民，覆亡之后就是“亡国奴”，无论说的是那一种话。因为国的存亡是在政权，不在语言文字的。美国用英文，并非英国的隶属；瑞士用德法文，也不被两国所瓜分；比国①用法文，没有请法国人做皇帝。满洲人是“读汉文”的，但革命以前，是我们的征服者，以后，即五族共和，和我们共存同在，何尝变了汉人。但正因为“读汉文”，传染上了“僵尸的乐观”，所以不能如蒙古人那样，来蹂躏一通之后就跑回去，只好和汉人一同恭候别族的进来，使他同化了。但假如进来的又像蒙古人那样，岂不又折了很大的资本吗？

大作又说我“大声急呼”之后，不过几年，青年就只能说外国话。我以为是不省人事之谈。国语的统一鼓吹了这些年了，不必说一切青年，便是在学校的学生，可曾都忘却了家乡话？即使只能说外国话了，何以就“只能爱外国的国”？蔡松坡②反对袁世凯，因为他们国语不同之故吗？满人入关，因为汉人都能说满洲话，爱了他们之故吗？清末革命，因为满人都忽而不读汉文了，所以我们就不爱他们了之故吗？浅显的人事尚且不省，谈什么光荣，估什么价值。

六、你也同别的一两个反对论者一样，很替我本身打算利害，照例是应该感谢的。我虽不学无术，而于相传“处于才与不才之间”的

① 比国，即比利时。

② 蔡松坡，即蔡锷，原名艮寅，字松坡；袁世凯称帝后，他组织护国军讨袁。

不死不活或入世妙法，也还不无所知，但我不愿意照办。所谓“素负学者声名”，“站在中国青年前面”这些荣名，都是你随意给我加上的，现在既然觉得“浅薄无知识”了，当然就可以仍由你随意革去。我自愧不能说些讨人喜欢的话，尤其是合于你先生一流人的尊意的话。但你所推测的我的私意，是不对的，我还活着，不像杨朱墨翟们的死无对证，可以确定为只有你一个懂得。我也没有做什么《阿鼠传》，只做过一篇《阿Q正传》。

到这里，就答你篇末的诘问了：“既说‘从来没有留心过’”者，指“青年必读书”，写在本栏内；“何以果决地说这种话”者，以供若干读者的参考，写在“附记”内。虽然自歉句子不如古书之易懂，但也就可以不理你最后的要求。而且，也不待你们论定。纵使论定，不过空言，决不会就此通行天下，何况照例是永远论不定，至多不过是“中虽有坏的，而亦有好的；西虽有好的，而亦有坏的”之类的微温说而已。我虽至愚，亦何至呈书目于如先生者之前乎？

临末，我还要“果决地”说几句：我以为如果外国人来灭中国，是只教你略能说几句外国话，却不至于劝你多读外国书，因为那书是来灭的人们所读的。但是还要奖励你多读中国书，孔子也还要更加崇奉，像元朝和清朝一样。

附录二：

这是这么一个意思

从雪阳先生的通信（三月三十一日本刊）里，知道对于我那篇“青年必读书”的答案曾有一位学者向学生发议论，以为我“读得中国书非常的多。……如今偏不让人家读，……这是什么意思呢！”

我读确是读过一点中国书，但没有“非常的多”；也并不“偏不让人家读”。有谁要读，当然随便。只是倘若问我的意见，就是：要少——或者竟不——看中国书，多看外国书。

这是这么一个意思——

我向来是不喝酒的，数年之前，带些自暴自弃的气味地喝起酒来了，当时倒也觉得有点舒服。先是小喝，继而大喝，可是酒量愈增，食量就减下去了，我知道酒精已经害了肠胃。现在有时戒除，有时也还喝，正如还要翻翻中国书一样。但是和青年谈起饮食来，我总说：你不要喝酒。听的人虽然知道我曾经纵酒，而都明白我的意思。

我即使自己出的是天然痘，决不因此反对牛痘；即使开了棺材铺，也不来讴歌瘟疫的。

就是这么一个意思。

……

读书杂谈

——七月十六日在广州知用中学[①]讲

鲁迅

本文原是一次演讲的记录稿，经作者校阅后最初发表于1927年8月18、19、22日广州《民国日报》副刊《现代青年》（第179、180、181期）；后重刊于1927年9月16日《北新》周刊（第47、48期合刊）。和《青年必读书》一文的观点一致，作者在本文中仍鼓励学生多看外国书，同时对读书的一些误解予以匡正。譬如，读书不见得都高尚，都有趣，如“职业的读书”，为混口饭吃的读书，“还很苦痛，很可怜”；只有“嗜好的读书”，也就是没有压力的读闲书，才真正有趣。还有，文学创作和文学批评是完全不同的两码事，而且，通常的情况是，创作家并不理会批评家，批评家也不了解创作家——所以，读批评文章不但不能代替读文学作品，甚至不读也罢；只要自己学会观察，学会把书上读到的东西和现实人生联系起来，读书即可变得高尚而有趣。就如在《青年必读书》中一样，作者在此处仍强调，先要做个“活人”，读书才有意义。

因为知用中学的先生们希望我来演讲一回，所以今天到这里和诸君相见。不过我也没有什么东西可讲。忽而想到学校是读书

① 知用中学，1924年由广州知用学社社友创办的一所学校。

的所在，就随便谈谈读书。是我个人的意见，姑且供诸君的参考，其实也算不得什么演讲。

说到读书，似乎是很明白的事，只要拿书来读就是了，但是并不这样简单。至少，就有两种：一是职业的读书，一是嗜好的读书。所谓职业的读书者，譬如学生因为升学，教员因为要讲功课，不翻翻书，就有些危险的就是。我想在坐的诸君之中一定有些这样的经验，有的不喜欢算学，有的不喜欢博物[①]，然而不得不学，否则，不能毕业，不能升学，和将来的生计便有妨碍了。我自己也这样，因为做教员，有时即非看不喜欢看的书不可，要不这样，怕不久便会于饭碗有妨。

我们习惯了，一说起读书，就觉得是高尚的事情，其实这样的读书，和木匠的磨斧头，裁缝的理针线并没有什么分别，并不见得高尚，有时还很苦痛，很可怜。你爱做的事，偏不给你做，你不爱做的，倒非做不可。这是由于职业和嗜好不能合一而来的。倘能够大家去做爱做的事，而仍然各有饭吃，那是多么幸福。但现在的社会上还做不到，所以读书的人们的最大部分，大概是勉勉强强的，带着苦痛的为职业的读书。

现在再讲嗜好的读书吧。那是出于自愿，全不勉强，离开了利害关系的。——我想，嗜好的读书，该如爱打牌的一样，天天打，夜夜打，连续的去打，有时被公安局捉去了，放出来之后还是打。诸君要知道真打牌的人的目的并不在赢钱，而在有趣。打牌有怎样的有趣呢，我是外行，不大明白。但听得爱赌的人说，

① 博物，旧时中学的一门课程，包括动物、植物、矿物等学科的内容。

它妙在一张一张的摸起来，永远变化无穷。我想，凡嗜好的读书，能够手不释卷的原因也就是这样。他在每一页每一页里，都得着深厚的趣味。自然，也可以扩大精神，增加知识的，但这些倒都不计及，一计及，便等于意在赢钱的博徒了，这在博徒之中，也算是下品。

不过我的意思，并非说诸君应该都退了学，去看自己喜欢看的书去，这样的时候还没有到来；也许终于不会到，至多，将来可以设法使人们对于非做不可的事发生较多的兴味罢了。我现在是说，爱看书的青年，大可以看看本分以外的书，即课外的书，不要只将课内的书抱住。但请不要误解，我并非说，譬如在国文讲堂上，应该在抽屉里暗看《红楼梦》之类；乃是说，应做的功课已完而有余暇，大可以看看各样的书，即使和本业毫不相干的，也要泛览。譬如学理科的，偏看看文学书，学文学的，偏看看科学书，看看别人在那里研究的，究竟是怎么一回事。这样子，对于别人、别事，可以有更深的了解。现在中国有一个大毛病，就是人们大概以为自己所学的一门是最好、最妙、最要紧的学问，而别的都无用，都不足道的，弄这些不足道的东西的人，将来该当饿死。

其实是，世界还没有如此简单，学问都各有用处，要定什么是头等还很难。也幸而有各式各样的人，假如世界上全是文学家，到处所讲的不是“文学的分类”便是“诗之构造”，那倒反而无聊得很了。

不过以上所说的，是附带而得的效果，嗜好的读书，本人自然并不计及那些，就如游公园似的，随随便便去，因为随随便便，所以不吃力，因为不吃力，所以会觉得有趣。如果一本书拿到手，就满心想道："我在读书了！我在用功了！"那就容易疲劳，因而减掉兴味，或者变成苦事了。

我看现在的青年，为兴味的读书的是有的，我也常常遇到各样的询问。此刻就将我所想到的说一点，但是只限于文学方面，因为我不明白其他的。

第一，是往往分不清文学和文章。甚至于已经来动手做批评文章的，也免不了这毛病。其实粗粗的说，这是容易分别的。研究文章的历史或理论的，是文学家，是学者；做做诗，或戏曲小说的，是做文章的人，就是古时候所谓文人，此刻所谓创作家。创作家不妨毫不理会文学史或理论，文学家也不妨做不出一句诗。然而中国社会上还很误解，你做几篇小说，便以为你一定懂得小说概论，做几句新诗，就要你讲诗之原理。我也曾见想做小说的青年，先买小说法程和文学史来看。据我看来，是即使将这些书看烂了，和创作也没有什么关系的。

事实上，现在有几个做文章的人，有时也确去做教授。但这是因为中国创作不值钱，养不活自己的缘故。听说美国小说家的一篇中篇小说，时价是二千美金；中国呢，别人我不知道，我自己的短篇寄给大书铺，每篇卖过二十元。当然要寻别的事，例如教书，讲文学。研究是要用理智，要冷静的，而创作须情感，至少总得发点热，于是忽冷忽热，弄得头昏，这也是职业和嗜好不能合一的苦处。苦倒也罢了，结果还是什么都弄不好。那证据，是试翻世界文学史，那里面的人，几乎没有兼做教授的。

还有一种坏处，是一做教员，未免有顾忌；教授有教授的架子，不能畅所欲言。这或者有人要反驳：那么，你畅所欲言就是了，何必如此小心。然而这是事前的风凉话，一到有事，不知不觉的，他也要从众来攻击的。而教授自身，纵使自以为怎样放达，下意识里总不免有架子在。所以在外国，称为“教授小说”的东西倒并不少，但是不大有人说好，至少，是总难免有令人发烦的炫学的地方。

所以我想，研究文学是一件事，做文章又是一件事。

第二，我常被询问：要弄文学，应该看什么书？这实在是一个极难回答的问题。先前也曾有几位先生给青年开过一大篇书目①。但从我看来，这是没有什么用处的，因为我觉得那都是开书目的先生自己想要看或者未必想要看的书目。我以为倘要弄旧的呢，倒不如姑且靠着张之洞②的《书目答问》去摸门径去。倘是新的，研究文学，则自己先看看各种的小本子，如本间久雄的《新文学概论》③、厨川白村的《苦闷的象征》④、瓦浪斯基的《苏俄的文艺论战》⑤ 之类，然后自己再想想，再博览下去。因为文学的理论不像算学，二二一定得四，所以议论很分歧。如第三种，便是俄国的两派的争论——我附带说一句，近来听说连俄

① 这里说的开一大篇书目，指梁启超的《国学入门书要目及其读法》、胡适的《一个最低限度的国学书目》和吴宓的《西洋文学入门必读书目》等。这些书目都开列于 1923 年。

② 张之洞（1837—1909），清末大学者。

③ 本间久雄（1886—1981），日本文艺理论家，曾任早稻田大学教授，其论著《新文学概论》有章锡琛中译本，1925 年 8 月商务印书馆出版。

④ 厨川白村（1880—1923），日本文艺理论家，曾任京都帝国大学教授，《苦闷的象征》是他的文艺论文集。

⑤ 《苏俄的文艺论战》，任国桢辑译，内收 1923 年至 1924 年间苏俄理论家瓦浪斯基的论文。

国的小说也不大有人看了，似乎一看见“俄”字就吃惊，其实苏俄的新创作何尝有人绍介，此刻译出的几本，都是革命前的作品，作者在那边都已经被看作反革命的了。倘要看看文艺作品呢，则先看几种名家的选本，从中觉得谁的作品自己最爱看，然后再看这一个作者的专集，然后再从文学史上看看他在史上的位置；倘要知道得更详细，就看一两本这人的传记，那便可以大略了解了。如果专是请教别人，则各人的嗜好不同，总是格不相入的。

第三，说几句关于批评的事。现在因为出版物太多了——其实有什么呢，而读者因为不胜其纷纭，便渴望批评，于是批评家也便应运而起。批评这东西，对于读者，至少对于和这批评家趣旨相近的读者，是有用的。但中国现在，似乎应该暂作别论。往往有人误以为批评家对于创作是操生杀之权、占文坛的最高位的，就忽而变成批评家；他的灵魂上挂了刀。但是怕自己的立论不周密，便主张主观，有时怕自己的观察别人不看重，又主张客观；有时说自己的作文的根柢全是同情，有时将校对者骂得一文不值。凡中国的批评文字，我总是越看越糊涂，如果当真，就要无路可走。印度人是早知道的，有一个很普通的比喻。他们说：一个老翁和一个孩子用一匹驴子驮着货物去出卖，货卖去了，孩子骑驴回来，老翁跟着走。但路人责备他了，说是不晓事，叫老年人徒步。他们便换了一个地位，而旁人又说老人忍心；老人忙将孩子抱到鞍鞒上，后来看见的人却说他们残酷；于是都下来，走了不久，可又有人笑他们了，说他们是呆子，空着现成的驴子却不骑。于是老人对孩子叹息道，我们只剩了一个办法了，是我们两人抬着驴子走。[1]

无论读，无论做，倘若旁征博访，结果是往往会弄到抬驴子走的。

不过，我并非要大家不看批评，不过说看了之后，仍要看看本书，自己思索，自己做主。看别的书也一样，仍要自己思索，自己观察。倘只看书，便变成书橱，即使自己觉得有趣，而那趣味其实是已在逐渐硬化，逐渐死去了。我先前反对青年躲进研究室，也就是这意思，至今有些学者，还将这话算作我的一条罪状哩。

听说英国的培那特萧（Bernard Shaw）[2] 有过这样意思的话：世间最不行的是读书者，因为他只能看别人的思想艺术，不用自己。这也就是勖本华尔（Schopenhauer）[3] 之所谓脑子里给别人跑马。较好的是思索者，因为能用自己的生活力了，但还不免是空想。所以，更好的是观察者，他用自己的眼睛去读世间这一部活书。

这是的确的，实地经验总比看、听、空想确凿。我先前吃过干荔枝、罐头荔枝、陈年荔枝，并且由这些推想过新鲜的好荔枝。这回吃过了，和我所猜想的不同，非到广东来吃就永不会知

---

① 这个比喻见于印度何种书籍，未详。1888 年（清光绪十四年）张赤山译的伊索寓言《海国妙喻·丧驴》中也有同样内容的故事。

② 培那特萧，即萧伯纳（1856—1950），爱尔兰人，英国戏剧家。

③ 勖本华尔，即叔本华（1788—1860），德国哲学家。“脑子里给别人跑马”，可能指他的《读书和书籍》中的这段话：“我们读着的时候，别人却替我们想。我们不过反复了这人的心的过程。……读书时，我们的脑已非自己的活动地。这是别人的思想的战场了。”

道。但我对于萧的所说，还要加一点骑墙的议论。

萧是爱尔兰人，立论也不免有些偏激的。我以为假如从广东乡下找一个没有历练的人，叫他从上海到北京或者什么地方，然后问他观察所得，我恐怕是很有限的，因为他没有练习过观察力。所以要观察，还是先要经过思索和读书。

总之，我的意思是很简单的：我们自动的读书，即嗜好的读书，请教别人是大抵无用，只好先行泛览，然后抉择而入于自己所爱的较专的一门或几门；但专读书也有弊病，所以必须和实社会接触，使所读的书活起来。

论读书

林语堂

林语堂（1895—1976），原名林和乐，又名林玉堂，中国现代学者、作家。重要作品有小说《京华烟云》《风声鹤唳》、散文集《剪拂集》《大荒集》《无所不谈》《吾国吾民》《读书的艺术》和《生活的艺术》等。本文是作者1932年12月8日在复旦大学的演讲，同月13日又在大夏大学演讲；演讲稿于1933年2月发表于《申报月刊》（第三卷第二期），后收入《大荒集》。关于读书，作者称“读书的主旨在于排脱俗气”，为此要像找情人一样，“找一位同调的先贤，一位气质与你相近的作家”，并让你和他的书朝夕相处，受其熏陶。这样的读书，就如情人滋味，何苦之有？所谓“苦学”，是勉强读书，还不如不读，读了也无趣无味。其实，读书之乐源于读书之欲，有欲才有乐。所以，不妨养成“书淫”之癖，这样无论何时何地，你都会手不释卷，其乐无穷。

本篇演讲只是谈谈本人对于读书的意见，并不是要训勉青年，也非敢指导青年。所以不敢训勉青年，有两种理由：第一，因为近来常听见贪官污吏到学校致训词，叫学生须有志操，有气节，有廉耻；也有卖国官僚到大学演讲，劝学生要坚忍卓绝，做富贵不能淫、威武不能屈的大丈夫。孟子曰，人之患在好为人师，料想战国的土豪劣绅也必好训勉当时的青年，所以激起孟子这样不平的话。第二，读书没有什么可以训勉。世上会读书的人，都是书拿起来自己会读；不会读书的人，也不曾因为指导而变为会读。譬如数学，出五个问题叫学生去做，会做的人是自己脑里做出来的，并非教员教他做出，不会做的人经教员指导，这一题虽然做出，下一题仍旧非指导不可，数学并不会因此高明起来。我所要讲的话，于你们本会读书的人，没有什么补助；于你们不会读书的人，也不会使你们变为善读书。所以今日谈谈，也只是谈谈而已。

读书本是一种心灵的活动，向来算为清高。“万般皆下品，唯有读书高。”所以读书向称为雅事乐事。但是现在雅事乐事已经不雅不乐了。今人读书，或为取资格、得学位，在男为娶美女，在女为嫁贤婿；或为做老爷、踢屁股；或为求爵禄、刮地皮；或为做走狗、拟宣言；或为写讣闻、做贺联；或为当文牍、抄账簿；或为做相士、占八卦；或为做塾师、骗小孩……诸如此类，都是借读书之名，取利禄之实，皆非读书本旨。也有人拿父母的钱，上大学，跑百米，拿一块大银后回家，在我是看不起的，因为这似乎也非读书的本旨。

今日所谈，也非指学堂中的读书，也非指读教授所指定的功课。在学校读书有四不可：（一）所读非书。学校专读教科书，而教科书并不是真正的书。今日大学毕业的人所读的书极其有限。然而读一部《小说概论》，到底不如读《三国》《水浒》；读一部历史教科书，不如读《史记》。（二）无书可读。因为图书馆存书不多，可读的书极有限。（三）不许读书。因为在课室看书，有犯校规，例所不许。倘是一人自晨至晚上课，则等于自晨至晚被监禁起来，不许读书。（四）书读不好。因为处处受训导处干涉，毛孔骨节，皆不爽快。且学校所教非慎思明辨之学，乃记问之学。记问之学不足为人师，《礼记》早已说过。书上怎样说，你便怎样答，一字不错，叫做记问之学。倘是你能猜中教员心中要你如何答法，照样答出，便得一百分，于是沾沾自喜，自以为西洋历史你知道一百分，其实西洋历史你何尝知道百分之一。学堂所以非注重记问之学不可，是因为便于考试。如拿破仑生卒年月，形容词共有几种，这些不必用头脑，只需强记，然学校考试极其便当，差一年可扣一分；然而事实上于学问无补，你们的教员，也都记不得。要用时自可在百科全书上去查。又如罗马帝国之亡，有三大原因，书上这样讲，你们照样记，然而事实上问题极复杂。有人说罗马帝国之亡，是亡于蚊子（传布寒热疟），这是书上所无的。

今日所谈的是自由的看书读书。无论是在校、离校、做教员、做学生、做商人、做政客，有闲必读书。这种的读书，得以开茅塞、除鄙见，得新知、增学问，广识见、养性灵。人之初生，都是好学好问，及其长成，受种种俗见俗闻所蔽，毛孔骨节，如有一层包膜，失了聪明，逐渐顽腐。读书便是将此层蔽塞聪明的包膜剥下。能将此层剥下，才是读书人。并且要时时读书，不然便会鄙吝复萌，顽见俗见生满身上，一人的落伍、迂腐、冬烘，就是不肯时时读书所致。所以读书的意义，是使人较虚心、较通达，不固陋、不偏执。一人在世上，对于学问是这样的：幼时认为什么都不懂，大学时自认为什么都懂，毕业后才知道什么都不懂，中年又以为什么都懂，到晚年才觉悟一切都不懂。大学生自以为心理学他也念过，历史地理他也念过，经济科学也都念过，世界文学、艺术、声光、化电，他也念过，所以什么都懂。毕业以后，人家问他国际联盟在哪里？他说“我书上未念过”，人家又问法西斯蒂①在意大利如何？他也说“我书上未念过”，所以觉得什么都不懂。到了中年，许多人娶妻生子，造洋楼、有身份、做名流、戴眼镜、留胡子、拿洋棍，沾沾自喜，那时他的世界已经固定了：女人放胸是不道德、剪发也不道德、社会主义就是共产党、读《马氏文通》② 是反动、节制生育是亡种逆天、提倡白话是亡国之先兆、《孝经》是孔子写的、大禹必有其人……意见非常之多而且确定不移，所以又是什么都懂。其实，是此种人久不读书，鄙吝复萌所致。此种人不可与之深谈。但也有常读书的人，老当益壮，其思想每每比青年急进，就是能时时读书，所以心灵不曾化石，变为古董。

读书的主旨在于排脱俗气。黄山谷③谓人不读书便语言无味、面目可憎。须知世上语言无味面目可憎的人很多，不但商界政界如此，学府中也颇多此种人。然语言无味、面目可憎在官僚

---

① 法西斯蒂，即法西斯主义。

② 《马氏文通》，中国第一部用欧美语言学理论研究汉语语法的著作，写于1898年，作者马建忠。

③ 黄庭坚（1045—1105），字鲁直，号山谷道人，北宋诗人，为江西诗派之宗，其诗书画号称“三绝”，与当时苏东坡齐名，人称“苏黄”。

商贾也无妨，在读书人是不合理的。所谓面目可憎，不可作面孔不漂亮解，因为并非不能奉承人家，排出笑脸，所以“可憎”；胁肩谄媚、面孔漂亮，便是“可爱”。若欲求美男子、小白脸，尽可于跑狗场、跳舞场及政府衙门中求之。有漂亮面孔、说漂亮话的政客，未必便面貌不可憎。读书与面孔漂亮没有关系，因为书籍并不是雪花膏，读了便会增加你的容辉。所以面目可憎不可憎，在你如何看法。有人看美人专看脸蛋，凡有鹅脸、柳眉、皓齿、朱唇都叫美人。但是，识趣的人如李笠翁[①]，看美人专看风韵。笠翁所谓“三分容貌有姿态”等于六七分、“六七分容貌乏姿态”等于三四分。有人面目平常，然而谈起话来，使你觉得可爱；也有满脸脂粉的摩登伽[②]、洋囡囡，做花瓶、做客厅装饰甚好，但一与交谈，风韵全无，便觉得索然无味。黄山谷所谓面目可憎不可憎，也只是指读书人之议论风采说法。若《浮生六记》[③] 中的芸，虽非西施面目，并且前齿微露，我却觉得是中国第一美人。男子也是如此看法。章太炎[④]脸孔虽不漂亮，王国维[⑤]虽有一条辫子，但是他们是有风韵的，不是语言无味、面目可憎的，简直可认为可爱。也有漂亮政客，做武人的兔子姨太太[⑥]，说话虽然漂亮，听了却令人作呕三日。

---

① 李渔（1611—1680），字笠鸿，号笠翁，清代戏曲家。

② 摩登伽，modern girl 的音译，意即“时髦女子”。

③ 《浮生六记》，清代文人沈复（1763—1825）著于嘉庆十三年（1808）的自传体散文。

④ 章太炎（1869—1936），清末民初朴学大师，著名学者。

⑤ 王国维（1877—1927），清末民初国学大师，著名学者。

⑥ “兔子姨太太”即同性恋相好。

至于语言无味（着重“味”字），那全看你所读的是什么书及读书的方法。读书读出味来，语言自然有味；语言有味，做出文章也必有味。有人读书读了半世，也读不出什么味儿来，那是因为读不合的书，及不得其读法。读书须先知味。这“味”字，是读书的关键。所谓“味”，是不可捉摸的。一人有一人胃口，各不相同，所好的味也异，所以必先知其所好，始能读出味来。有人自幼嚼书本，老大不能通一经，便是食古不化、勉强读书所致。袁中郎[①]所谓“读所好之书，所不好之书可让他人读之”，这是知味的读法。若必强读，消化不来，必生疳积、胃滞诸病。

口之于味，不可强同，不能因我之所嗜好以强人。先生不能以其所好，强学生去读。父亲也不得以其所好，强儿子去读。所以书不可强读，强读必无效，反而有害，这是读书之第一义。有愚人请人开一张必读书目，硬着头皮、咬着牙根去读，殊不知读书须求气质相合。人之气质各有不同，英人俗语所谓“在一人吃来是补品，在他人吃来是毒质”（One’s meat is another’s poison）。因为听说某书是名著，因为要做通人，硬着头皮去读，结果必毫无所得。过后思之，如做一场噩梦。甚至终身视读书为畏途，提起书名来便头痛。萧伯纳说，许多英国人终身不看莎士比亚，就是因为幼年塾师强迫背诵种下的恶果。许多人离校以后，终身不再看诗，不看历史，也是旨趣未到、学校迫其必修所致。

所以，读书不可勉强，因为学问思想是慢慢怀胎滋长出来

---

① 袁宏道（1568—1610），字中郎，又字无学，号石公，又号六休，明代文学家。

的。其滋长自有滋长的道理，如草木之荣枯、河流之转向，各有其自然之势。逆势必无成就。树木的南枝遮荫，自会向北枝发展，否则枯槁以待毙。河流遇了矶石悬崖，也会转向，不是硬冲，只要顺势流下，总有流入东海之一日。世上无人人必读之书，只有在某时、某地、某种心境下不得不读之书。有你所应读、我所万不可读，有此时可读、彼时不可读。即使有必读之书，也决非此时此刻所必读。见解未到，必不可读。思想发育程度未到，也不可读。孔子说，五十可以学《易》，便是说四十五岁时尚不可读《易经》。刘知几[1]少读古文《尚书》，挨打也读不来，后听同学读《左传》，甚好之，求授《左传》，乃易成诵。《庄子》本是必读之书，然假使读《庄子》觉得索然无味，只好放弃，过了几年再读。对《庄子》感觉兴味，然后读《庄子》。对马克思感觉兴味，然后读马克思。

且同一本书，同一作者，一时可读出一时之味道来。其景况适如看一名人相片，或读名人文章，未见面时，是一种味道，见了面交谈之后，再看其相片，或读其文章，自有另外一层深切的理会。或是与其人绝交之后，看其照片，读其文章，也另有一番味道。四十学《易》是一种味道，五十而学《易》，又是一种味道，所以凡是好书都值得重读的。自己见解愈深，学问愈进，愈读得出味道来。譬如，我此时重读兰姆（Charles Lamb）[2] 的散文，与幼时所读全然不同；幼时虽觉其文章有趣，没有真正魂灵

---

① 刘知几（661—721），字子玄，唐代史学家。

② 兰姆（1775—1834），19 世纪英国著名散文家。

的接触，未深知其文之佳境所在。一人背痛，再去读范增[①]的传，始觉趣味；或是叫许钦文[②]在狱中读清初犯文字狱的文人传记，才别有一番滋味在心头。

由是可知，读书有两方面，一是作者，一是读者。程子[③]谓《论语》读者有此等人与彼等人，有读了全然无事者，也有读了不知手之舞之、足之蹈之者。所以读书必以气质相近，而凡人读书必找一位同调的先贤，一位气质与你相近的作家，作为老师。这是所谓读书必须得力一家，不可昏头昏脑，听人戏弄，庄子也好、荀子也好、苏东坡也好、程伊川也好。一人同时爱庄荀，或同时爱苏程，是不可能的事。找到思想相近之作家，找到文学上之情人，必胸中感觉万分痛快，而灵魂上发生猛烈影响，如春雷一鸣、蚕卵孵出，得一新生命，入一新世界。George Eliot[④] 自叙读《卢梭自传》[⑤]，如触电一般。尼采师叔本华、萧伯纳[⑥]师易卜生[⑦]，虽皆非及门弟子，而思想相承，影响极大。当二子读叔本华、易卜生时，思想上起了大影响，是其思想萌芽、学问生根之始。因为气质性灵相近，所以乐此不疲，流连忘返；流连忘返，始终可深入；深入后，然后如受春风化雨之赐，欣欣向荣，学业

---

① 范增（前277—前204），楚霸王项羽的谋士，被项羽尊为“亚父”，后被项羽猜忌，辞官归里，途中病死。

② 许钦文（1897—1984），现代作家，作品多写浙江家乡的人情世故，被称为“乡土作家”。

③ 程颐（1033—1107），字正叔，北宋洛阳伊川人，人称伊川先生，北宋理学家。

④ 乔治·艾略特（1819—1880），英国女作家。

⑤ 《卢梭自传》，即卢梭的《忏悔录》。

⑥ 萧伯纳（1856—1950），英国剧作家。

⑦ 易卜生（1828—1906），挪威剧作家。

大进。

谁是气质与你相近的先贤，只有你知道，也无需人家指导，更无人能勉强。你找到这样一位作家，自会一见如故。苏东坡初读《庄子》，如有胸中久积的话被他说出。袁中郎夜读徐文长[①]诗，叫唤起来，叫复读，读复叫，便是此理。这与“一见倾心之性爱”（love at first sight）同一道理。你遇到这样的作家，自会恨相见太晚。一人必有一人中意的作家，各人自己去找去。找到了文学上的爱人，他自会有魔力吸引你，而你也乐自为所吸，甚至声音相貌、一颦一笑，也渐与相似。这样浸润其中，自然获益不少，将来年事渐长，厌此情人，再找别的情人，到了经过两三个情人，或是四五个情人，大概你自己也已受了熏陶不浅，思想已经成熟，自己也就成了一位作家。若找不到情人，东览西阅，所读的未必能沁入魂灵深处，便是逢场作戏。逢场作戏，不会有心得，学问不会有成就。

知道情人滋味，便知道苦学二字是骗人的话。学者每为“苦学”或“困学”二字所误。读书成名的人，只有乐，没有苦。据说古人读书有追月法、刺股法，以及丫头监读法，其实都是很笨。读书无兴味，昏昏欲睡，始拿锥子在股上刺一下，这是愚不可当。一人书本排在面前，有中外贤人向你说极精彩的话，尚且想睡觉，便应当去睡觉，刺股也无益。叫丫头陪读，等打盹时唤醒你，已是下流，也应去睡觉，不应读书。而且，此法极不卫生：不睡觉，只有读坏身体，不会读出书的精彩来。若已读出书

---

① 徐渭（1521—1593），字文长，明代文学家、书画家。

的精彩来，便不想睡觉，故无丫头唤醒之必要。刻苦耐劳、淬砺奋勉是应该的，但不应视读书为苦。视读书为苦，第一着已走了错路。天下读书成名的人，皆以读书为乐；汝以为苦，彼却沉湎以为至乐。必如一人打麻将，或如人挟妓冶游，流连忘返、寝食俱废，始读出书来。以我所知，国文好的学生，都是偷看几百万言的《三国》《水浒》而来，决不是一学年读五六十页文选，国文会读好的。试问，在偷读《三国》《水浒》的人，读书有什么苦处？何尝算页数？好学的人，于书无所不窥。窥就是偷看。于书无所不偷看的人，大概会学而成名。

有人读书必装腔作势，或嫌板凳太硬，或嫌光线太弱，这就是读书未入门，未觉兴味所致。有人做不出文章，怪房间冷、怪蚊子多、怪稿纸发光、怪马路上电车声音太嘈杂，其实都是因为文思不来，写一句，停一句。一人不好读书，总有种种理由："春天不是读书天，夏日炎炎最好眠，等到秋来冬又至，不如等待到来年。"其实，读书是四季咸宜。古所谓"书淫"之人，无论何时何地，可读书皆手不释卷，这样才成读书人样子。顾千里①裸体读经，便是一例，即使暑气炎热，至非裸体不可，也要读经。欧阳修②在马上、厕上，皆可做文章，因为文思一来，非做不可，非必正襟危坐、明窗净几才可做文章。一人要读书，则澡堂、马路、洋车上、厕上、图书馆、理发室，皆可读。

读书须有胆识，有眼光，有毅力。胆识二字拆不开，要有

---

① 顾千里（1766—1835），清代藏书家，经史天文、诗文词曲，无所不通，人称"万卷书生"。

② 欧阳修（1007—1073），北宋散文家、史学家。

识，必敢有自己意见，即使一时与前人不同也不妨。前人能说得我服，是前人是；前人不能服我，是前人非。人心之不同如其面，要脚踏实地，不可舍己从人。诗或好李、或好杜，文或好苏、或好韩[①]，各人要凭良知，读其所好。然后所谓好，说得好的理由出来。或某名人文集，众人所称，而你独恶之，则或系汝自己学力、见识未到，或果然汝是而人非。学力未到，等过几年再读。若学力已到，而汝是人非，则将来必发现与汝同情之人。刘知几少时读前后汉书，怪前书不应有《古今人表》、后书宜为更始立纪。当时闻者责以“童子轻议前哲”，乃“赧然自失，无辞以对”。后来，偏偏发现张衡[②]、范晔[③]等，持见与之相同。此乃刘知几之读书胆识。因其读书皆得之襟腑，非人云亦云，所以能著成《史通》一书。如此读书，处处有我的真知灼见，得一分见解，是一分学问，除一种俗见、算一分进步，才不会落入圈套、满口滥调，一知半解、似是而非。

① “李”系李白，“杜”系杜甫；“苏”系苏轼（东坡），“韩”系韩愈。
② 张衡（78—139），字平子，东汉天文学家、数学家、文学家、学者。
③ 范晔（398—445），字尉宗，南北朝时期南朝宋著名史学家。

读书与入学

林语堂

本文原为1933年11月4日作者在上海光华大学所作演讲的记录稿，后经作者审阅，收入《大荒集》。有意思的是，作者受邀到大学演讲，而他在演讲中着力攻击的，恰是大学教育。他对那些学生说，你们大多数人“对于读书一事，已经走入错路，失了读书的本意”。为什么？因为“读书本来是至乐之事”，而你们呢，读书已变成了一种苦役，“手里拿一书本，心里计算及格不及格、升级不升级”，为的是“如何靠这书本骗一只较好的饭碗、娶一位较漂亮的老婆”——这根本不是读书！真正的读书，是“自由看书”，要“由被动式改为发动式”，随兴所致去看书；既不要那些教授来指导（以便把所交学费大多用来买书），也不要算什么考分、学分之类。这样的成效会如何呢？他认为“可以包管比现在大学的方法强”，因为现在大学教育的成效，实在是差得不能再差了。但是，这大学教育又显然不能取消，所以他最后也只能说：“到了这个地步，读书与入学，完全是两件事了，去原意远矣。”唯一希望的是，学生们能“早日觉悟”，不要以为“入学”就是“读书”；而既已“入学”，那也属无奈，但仍要“不忘其初，不背读书之本意，不失读书之快乐，不昧于真正读书之艺术”。

诸位，兄弟今日重游旧地，以前学生生活苦乐酸甜的滋味，都一一涌上心头。不但诸位所享弦诵的快乐，我能了解，就是诸位有时所受教员的委曲磨折、注册部[1]的挑剔为难，我也能表同情。兄弟今日仍在读书时期，所不同者，不怕教员的考试，无虑分数之高低，更无注册部来定我的及格不及格、升级不升级而已。现就个人所认为理想的方法，与诸位学友通常的读书方法比较研究一下。

余积二十年读书治学的经验，深知大半的学生对于读书一事，已经走入错路，失了读书的本意。读书本来是至乐之事，杜威[2]说，读书是一种探险，如探新大陆，如征新土壤；佛兰西[3]也已说过，读书是“灵魂的壮游”，随时可以发见名山巨川、古迹名胜、深林幽谷、奇花异卉；到了现在，读书已变成仅求幸免扣分数、留班级[4]的一种苦役而已。而且读书本来是个人自由的事，与任何人不相干，现在你们读书，已经不是你们的私事，而处处要受一些不相干的人的干涉，如注册部及你们的父母妻室之类。有人手里拿一书本，心里想我将何以赡养父母、给付妻子，这实在是一桩罪过。试想你们看《红楼梦》《水浒》《三国志》《镜花缘》，是否你们一己的私事，何尝受人的干涉，何尝想到何以赡养父母、付给妻子的问题？但是学问之事，是与看《红楼梦》《水浒》相同。完全是个人享乐的一件事。你们若不能用看《红楼梦》《水浒》的方法去看《哲学史》《经济学大纲》，你们就是不懂得读书之乐，不配读书，失了读书之本意，而终读不成

---

① 旧时大学管理学籍和学生成绩的部门，毕业文凭也由该部门颁发。

② 约翰·杜威（1859—1952），美国哲学家和教育家，曾来华讲学。

③ 佛兰西，今译法朗士（1844—1924），法国作家、文学评论家，曾获1921年诺贝尔文学奖。

④ 留班级，即留级。

书。你们能真用看《红楼梦》《水浒》的方法去看哲学、史学、科学的书，读书才能“成名”。若用注册部的方法读书，你们最多成了一个秀士[①]、博士，成了吴稚晖[②]先生所谓“洋绅士”、“洋八股”。

我认为最理想的读书方法，最懂得读书之乐者，莫如中国第一女诗人李清照[③]及其夫赵明诚。我们想象到他们夫妇典当衣服、买碑文水果、回来夫妻相对展玩咀嚼的情景，真使我们向往不已。你想他们两人一面剥水果，一面赏碑帖，或者一面品佳茗[④]，一面校经籍，这是如何的清雅，如何得了读书的真味。易安居士[⑤]于《金石录后序》自叙他们夫妇的读书生活，有一段极逼真极活跃的写照。她说：“余性偶强记，每饭罢，坐归来堂烹茶，指堆积书史，言某事在某书某卷第几页第几行，以中否角胜负，为饮茶先后。中即举杯大笑，至茶倾覆怀中，反不得饮而起。甘心老是乡矣[⑥]！故虽外忧患困穷而志不屈。……于是几案罗列，枕席枕藉，意会心谋，目往神授，乐在声色狗马之上。……”你们能用李清照读书的方法来读书，能感到李清照读书的快乐，你们大概也就可以读书成名，可以感觉读书一事比巴黎跳舞场的声色、逸园的赛狗、江湾的赛马有趣。不然，还是看

---

① 当初大学所授学位，相当于现在的学士。

② 吴稚晖（1865—1953），民国重要人物，思想家、政治家、教育家、书法家。

③ 李清照（1084—1155），号易安居士，宋代女词人。

④ 佳茗，即“好茶”。

⑤ 即李清照。

⑥ 甘心老是乡矣：甘心老于此乡啊（愿意在此乡间过一辈子）。

逸园赛狗、江湾赛马比读书开心。

什么才叫做真正读书呢？这个问题很简单，一句话说，兴味到时，拿起书本来就读，这才叫做真正的读书，这才是不失读书之本意。这就是李清照的读书法。你们读书时，须放开心胸，仰视浮云，无酒且过，有烟更佳。现在课堂上读书，连烟都不许你抽，这还能算为读书的正轨吗？或在暮春之夕，与你们的爱人携手同行，共到野外读《离骚经》，或在风雪之夜，靠炉围坐，佳茗一壶、淡巴菰[①]一盒，哲学、经济、诗文、史籍十数本，狼藉横陈于沙法之上，然后随意所之，取而读之，这才得了读书的兴味。现在你们手里拿一书本，心里计算及格不及格、升级不升级、注册部对你态度如何、如何靠这书本骗一只较好的饭碗、娶一位较漂亮的老婆——这还能算为读书、还配称为“读书种子”吗？还不是沦为“读书谬种”吗？

有人说，如林先生[②]这样读书方法，简单固然简单，但是读不懂如何，而且成效如何？须知世上决无看不懂的书，有之便是作者文笔艰涩、字句不通，不然便是读者的程度不合、见识未到。各人如能就兴味与程度相近的书选读，未有不可无师自通，或事偶有疑难，未能遽然了解，涉猎既久，自可融会贯通。试问诸位少时看《红楼梦》《水浒》，何尝有人教，何尝翻字典，你们的侄儿少辈现在看《红楼梦》《西厢记》，又何尝须要你们去教？许多人今日中文很好，都是由看小说得来的，而且都是背着

---

① 淡巴菰，英语 tabaco（烟草、香烟）的音译。
② 林先生，即作者本人。

师长，偷偷摸摸硬看下去，那些书中不懂的字，不懂的句，看惯了就自然明白。学问的书也是一样，常看下去，自然会明白，遇有专门名词，一次不懂，二次不懂，三次就懂了。只怕诸位不得读书之乐，没有耐心看下去。

所以，我的假定是，学生会看书、肯看书，现在的教育制度是假定学生不会看书、不肯看书。说学生书看不懂，在小学时可以说，在中学还可以说，但是在聪明学生，已经是一种诬蔑了。至于已进大学，还要说书看不懂，这真有点不好意思吧！大约一人的脸面要紧，年纪一大，即使不能自己吃饭，也得两手搿[①]一只饭碗硬塞到口里去，似乎不便把你们的奶妈、干娘一起都带到学校来给你们喂饭，又不便把大学教授看作你们的奶妈、干娘。

至于成效，我的方法可以包管比现在大学的方法强。现在大学教育的成效如何，大家是很明了的。一人从六岁一直读到二十六岁大学毕业，通共读过几本书？老实说，有限得很。普通大约总不会超过四五十本以上。这还不是跟以前的秀才举人相等？从前有一位中了举人，还没听见过《公羊传》[②] 的书名，传为笑话。现在大学毕业生就有许多近代名著未曾听过名字，即中国几种重要丛书也未曾见过。这是学堂的不是，假定你们不会看书，因此也不让你们有自由看书的机会。一天到晚，总是摇铃上课、摇铃吃饭、摇铃运动、摇铃睡觉。你想一人的精神是有限的，从八点上课一直到下午四五点，还要运动、拍球，哪里还有闲工夫

---

① 搿［gé］，（方言）两手合抱。

② 全称《春秋公羊传》，儒家经典之一。

自由看书呢？而且凡是摇铃，都是讨厌，即使摇铃游戏，我们也有不愿意之时，何况是摇铃上课？因为学堂假定你们不会读书、不肯读书，所以把你们关在课堂，请你们静坐，用注射、灌输的形式，由教员将知识注射入你们的脑壳里。无奈常人头颅都是不透水的，所以知识注射普遍不大成功。但是，比如依我的方法，假定你们是会看书、要看书，由被动式改为发动式，给你们充分自由看书的机会，这个成效如何呢？姑且计算一下，假定上海光华、大夏或任何大学有一千名学生，每人每期交学费一百元，这一千名学费已经合共有十万元。将此十万元拿去买书，由学校预备一间空屋置备书架，扣了五千元做办公费（再多便是罪过），把这九万五千元的书籍放在那间空屋，由你们随便胡闹去翻看，年底拈阄分配，各人拿回去九十五元的书，只要所用的工夫与你们上课的时间相等，一年之中，你们学问的进步，必非一年上课的成绩所可比。现在这十万元用到哪里去，大概一成买书，而九成去养教授、及教授的妻子、教授的奶妈，奶妈又拿去买奶妈的马桶，这还可以说是把你们的读书看作一件正经事吗？

假定你们进了这十万元书籍的图书馆，依我的方法，随兴所致去看书，成效如何呢？有人要疑心，没有教员的指导，必定是不得要领、杂乱无章、涉猎不精、不求甚解。这自然是一种极端的假定，但是成绩还是比现在大学教育好。关于指导，自可编成指导书及种种书目。如此读了两年可以抵过在大学上课四年。第一，我们须知道读书的方法，一方面要几种精读，一方面也要尽量涉猎翻览。两年之中大概能把二十万元的书籍随意翻览。知其书名、作者、内容大概，也就不愧为一读书人了。第二，我们要明白，学问的事，决不是如此呆板。读书必求深入，而欲求深入，非由兴趣相近者入手不可。学问是每每互相关联的。一人找到一种有趣味的书，必定由一问题而引起其他问题，由看一本书而不得不去找关系的十几种书，如此循序渐进，自然可以升堂入室、研磨既久、门径自熟；或是发见问题、发明新义，更可触类旁通、广求博引、以证己说，如此一步一步的深入，自可成名。这是自动的读书方法。较之现在上课听讲被动的方法，如东风过耳，这里听一点，那里听一点，结果不得其门而入，一无所获，强似多多了。第三，我们要明白，大学教育的宗旨，对于毕业的期望，不过要他博览群籍而已（be a well-read man），并不是如课中所规定，一定非逻辑八十分、心理七十五分不可，也不是说心理看了一百八十三页讲义、逻辑看了二百零三页讲义，便算完事。这种的读书，便是犯了孔子所谓“今汝画”① 的毛病。所谓博览群籍，无从定义，最多不过说某人“书看得不少”、某人“差一点”而已，哪里去定什么限制？说某人“学问不错”，也不过这么一句话而已，哪里可以说某书一定非读不可，某种科目是“必修科目”。一人在两年中翻览这二十万元的书籍，大概他对于学问的内容途径、什么名著杰作版本、笺注，总多少有一点把握了。

现在的大学教育方法如何呢？你们的读书是极端不自由、极

---

① 见《论语·雍也》：冉求曰：“非不说子之道，力不足也。”子曰：“力不足者，中道而废。今汝画。”（大意是：冉求说：“不是我不喜欢老师你的学问，而是我能力不够。”孔子说：“能力不够的人，做到一半才废弃，而你一开始就给自己画了一条线。”）

端不负责。你们的学问不但有注册部定标准，简直可以称斤两的，这个斤两制，就是学校的所谓“七十八分”、“八十六分”之类，及所谓多少“单位”。试问，学问之事，何得称量斤两？所谓英国史七十八分、逻辑八十六分，如何解释？一人的逻辑，怎么叫做八十六分？且若谓世界上关于英国史的知识，你们百分已知道了七十八分，世上岂有那样容易的事？但依现在的制度，每周三小时的科目算三“单位”，每周二小时的科目算二“单位”，这样由一方块一方块的“单位”，慢慢堆叠而来，叠成多少立方尺的学问，于是某人毕业，某人是秀士了。你想这笑话不笑话？须知我们何以有此大学制呢？是因为各人要拿文凭，因为要拿文凭，故不得不由注册部定一标准，平衡一下，就不得不让注册部来把你们“称一称”。你们如果不拿文凭，便无被称之必要。但是你们为什么要文凭呢？说来话长。有人因为要行孝道，拿了父母的钱，心里难过，于是下定决心，要规规矩矩、安心定志读几年书，才不辜负父母一番的好意及期望。这个是不对的，与遵父母之命、媒妁之言恋爱的女子一样违背道德。这是你们私人读书享乐的事，横被家庭义务干涉，是想把真理学问孝敬你们的爸爸、妈妈、老太婆。只因真理学问似太渺茫，所以还是拿一张文凭具体一点为是。有人因为想要得文凭学位，每月可以多得几十块钱，使你们的亲卿、爱卿、宁馨儿[1]舒服一点。社会对你们的父母说，你们儿子中学毕业读了三十本书，我可给他每月四五十元，如果再下二千元本钱，再读了三十本书，大学毕业，我

---

① 亲卿、爱卿、宁馨儿，即“所爱之人”。

可给他每月八九十元。你们父母算盘一打，说“好”，于是议成，送你们进大学。于是你们被称、拿文凭，果然每月八九十元到手、成交易。这还不是你们被出卖吗？与读书之本旨何关？与我所说读书之乐又何关？但是，你们不能怪学校给你们称斤两，因为你们要向他拿文凭，学堂为保持招牌信用起见，不能不如此。且必如此，然后公平交易，童叟无欺。处于今日“大规模生产”（mass production）之时期，不能不划定“商货之品类”（standardization of products），学问既然成为公然交易的商品，秀士、硕士、博士既为大规模生产之一，自然也不能不划定一下。其实这种以学问为交易之事，自古已然。子张学干禄；子曰：“三年学，不至于谷，未易得也。”①（关于往时生员②在社会所作的孽，可参看《亭林文集·生员论》上中下三篇。）

到了这个地步，读书与入学，完全是两件事了，去原意远矣。我所希望者，是诸位早日觉悟，在明知被卖之下，仍旧不忘其初，不背读书之本意，不失读书之快乐，不昧于真正读书之艺术。并希望诸位趁火打劫③，虽然被卖，钱也要拿，书也要读。如此，就两得其便了。

---

① “子张学干禄”，意即：子张（孔子一学生）向孔子学求官职得俸禄的方法。子曰：“三年学，不至于谷，未易得也。”——朱熹注此章：“为学之久而不求禄，如此之人不易得也。”

② 生员，即科举考生，习称秀才，亦称诸生。

③ 意即在混乱中自谋好处。

漫谈读书

梁实秋

梁实秋（1903—1987），号均默，原名梁治华，字实秋，中国现代学者、散文家、文学批评家、翻译家。擅长写散文和评论，兼长翻译，重要散文作品有《雅舍小品》《雅舍谈书》《清华八年》《秋室杂忆》《槐园梦忆》等。本文选自《雅舍谈书》，要点有二：一是"读书要有抉择"。为什么？因为现在书太多了，多得铺天盖地，而真正的好书又像凤毛麟角，实属难得；所以，必须有所选择。二是，读书多了，尤其是读好书读得多了，不但能使人善于言谈，还会使人面容可爱。为什么？因为好书都出自才俊之手，而历代才俊都属气质不凡之人，你若受其熏陶，久而久之，便会有相似气质；而一个人的气质变了，变得书卷气了，其面容自然令人觉得可爱。所以，要讨人喜欢，多多读书！

我们现代人读书真是幸福。古者，"著于竹帛谓之书"，竹就是竹简，帛就是缣素。书是稀罕而珍贵的东西。一个人若能垂于竹帛，便可以不朽。孔子晚年读《易》，韦编三绝，用韧皮连贯竹简，翻来翻去以至于韧皮都断了。那时候读书多么吃力！后来有了纸，有了毛笔，书的制作比较方便，但在印刷之术未行以前，书的流传完全是靠抄写。我们看看唐人写经，以及许多古书的抄本，可以知道一本书得来非易。自从有了印刷术，刻板、活字、石印、影印，乃至于显微胶片，读书的方便无以复加。

物以稀为贵。但是书究竟不是普通的货物。书是人类的智慧的结晶，经验的宝藏，所以尽管如今满坑满谷的都是书，书的价值不是用金钱可以衡量的。价廉未必货色差，畅销未必内容好。书的价值在于其内容的精到。宋太宗每天读《太平御览》等书二卷，漏了一天则以后追补。他说："开卷有益，朕不以为劳也。"这是"开卷有益"一语之由来。《太平御览》采集群书一千六百余种，分为五十五门，历代典籍尽萃于是。宋太宗日理万机之暇，日览两卷，当然可以说是"开卷有益"。如今，我们的书太多了，纵不说粗制滥造，至少是种类繁多，接触的方面甚广。我们读书要有抉择，否则不但无益，而且浪费时间。

那么，读什么书呢？这就要看各人的兴趣和需要。在学校里，如果能在教师里遇到一两位有学问的，那是最幸运的事，他能适当的指点我们读书的门径。离开学校，就只有靠自己了。读书，永远不恨其晚。晚，比永远不读强。有一个原则，也许是值得考虑的：作为一个道地的中国人，有些书是非读不可的。这与行业无关。理工科的、财经界的、文法门的，都需要读一些蔚成中国文化传统的书。经书当然是其中重要的一部分，史书也一样重要。盲目的读经不可以提倡，意义模糊的所谓"国学"亦不能餍[①]现代人之望。一系列的古书，是我们应该以现代眼光去了解的。

黄山谷[②]说："人不读书，则尘俗生其间，照镜则面目可憎，对人则语言无味。"细味其言，觉得似有道理。事实上，我们所看到的人，确实是面目可憎、语言无味的居多。我曾思索，其中因果关系安在？何以不读书便面目可憎、语言无味？我想，也许是因为读书等于是尚友古人，而且那些古人著书立说，必定是一时才俊，与古人游，不知不觉受其熏染，终乃收改变气质之功，境界既高，胸襟既广，脸上自然透露出一股清醇爽朗之气，无以名之，名之曰"书卷气"。同时，在谈吐上也自然高远不俗。反过来说，人不读书，则所为何事，大概是陷身于世网尘劳，困厄于名缰利锁，五烧六蔽[③]，苦恼烦心，自然面目可憎，焉能语言有味？

当然，改变气质不一定要靠读书。例如，艺术家就另有一种修养：

> 伯牙学琴于成连先生，三年不成。成连言，吾师方子春今在东海中，能移人情。乃与伯牙偕往，至蓬莱山，留伯牙宿，曰："子居习之，吾将迎师。"刺船而去，旬时不返。伯牙延望无人，但闻海水洞崩拆之声，山林冥，群鸟悲号，

---

① 餍：满足。

② 黄庭坚（1045—1105），字鲁直，自号山谷道人，北宋诗人、词人、书法家，为盛极一时的江西诗派开山之祖。

③ 五烧六蔽：焦躁不安。

怆然叹曰："先生将移我情。"乃援琴而歌，曲成，成连刺船迎之而返。伯牙之琴，遂妙天下。

这一段记载，写音乐家之被自然改变气质，虽然神秘，不是不可理解的。禅宗教外别传①，根本不立文字，靠了顿悟即能明心见性。这究竟是生有异禀的人之超绝的成就，以我们一般人而言，最简便的修养方法是读书。

书，本身就是情趣、可爱。大大小小形形色色的书，立在架上，放在案头，摆在枕边，无往而不宜。好的版本尤其可喜。我对线装书有一分偏爱。吴稚晖②先生曾主张把线装书一律丢在茅厕坑里，这偏激之言令人听了不大舒服。如果一定要丢在茅厕坑里，我丢洋装书，舍不得丢线装书。可惜，现在线装书很少见了，就像穿长袍的人一样的稀罕。几十年前，我搜求杜诗版本，看到古逸丛书影印宋版蔡孟弼《草堂诗笺》，真是爱玩不忍释手，想见原本之版面大、刻字精，其纸张墨色亦均属上选。在校勘上、笺注上，此书不见得有多少价值，可是这部书本身确是无上的艺术品。

① 教外别传：用非语言的方式传教。
② 吴稚晖（1865—1953），民国思想家、教育家、书法家。

影响我的几本书

梁实秋

本文选自《雅舍谈书》，谈影响他一生的几本书，很杂，有中国书，有外国书；有的是小说，如《水浒》；有的是论著，如《英雄与英雄崇拜》，还有佛教经书《六祖坛经》，等等。但不管哪本书，他都清晰地记得，曾给过他怎样的帮助，为他开启了怎样的知识之门，甚至怎样影响了他的“为学做人之道”。诚然，就如作者所言，“读书如交友，也靠缘分，吾人有缘接触的书各有不同”，但不管怎么说，一个人若能与书有缘，总是一种福分。因为有书为你提供精神食粮，成为你的良师益友，你的人生会充实许多；虽不见得就此没有了烦恼，但烦恼时也不会空虚，至少可以想想，书上是怎么说的。所以，与书为友，与书结缘，何乐而不为？而本文，就是作者为你现身说法。

我喜欢书，也还喜欢读书，但是病懒[1]，大部分时间荒嬉掉了！所以实在没有读过多少书。年届而立，才知道发愤，已经晚了。几经丧乱，席不暇暖，像董仲舒[2]三年不窥园，米尔顿[3]五

---

① 病懒，（文言）意为：染有懒惰习性。

② 董仲舒（前179—前104），西汉大儒，专治《春秋公羊传》，为今文经学大师，曾指导司马迁经学之说。

③ 米尔顿（1608—1674），今译“弥尔顿”，英国大诗人。

年隐于乡，那样有良好环境专心读书的故事，我只有艳羡。多少年来所读之书，随缘涉猎，未能专精，故无所成。然也间有几部书，对于我个人为学做人之道不无影响。究竟哪几部书影响较大，我没有思量过，直到八年前有一天邱秀文来访问我，她提出了这么一个问题，她问我所读之书有哪几部使我受益较大。我略为思索，举出七部书以对，略加解释，语焉不详。邱秀文记录得颇为翔实，亏她细心的连缀成篇，并以标题“梁实秋的读书乐”，后来收入她的一个小册“智者群像”，时报文化出版公司出版。最近联副[1]推出一系列文章，都是有关书和读书的，编者要我也插上一脚，并且给我出了一个题目——“影响我的几本书”。我当时觉得自己好像是一个考生，遇到考官出了一个我不久以前做过的题目，自以为驾轻就熟，写起来省事，于是色然而喜，欣然应命。题目像是旧的，文字却是新的。这便是我写这篇东西的由来。

第一部影响我的书是《水浒》。我在十四岁进清华才开始读小说，偷偷的读，因为那时候小说被目为“闲书”，在学校里看小说是悬为厉禁的。但是我禁不住诱惑，偷闲在海甸一家小书铺买到一部《绿牡丹》，密密麻麻的小字光纸石印本，晚上钻在蚊帐里偷看，也许近视眼就是这样养成的。抛卷而眠，翌晨忘记藏起，查房的斋务员在枕下一摸，手到擒来。斋务主任陈筱田先生唤我前去应询，瞪着大眼厉声叱问：“这是嘛?”（天津话“嘛”就是“什么”）随后把书往地上一丢，说：“去吧!”算是从轻发

① 联副，“《联合时报》副刊”的简称。

落，没有处罚。可是我忘不了那被叱责的耻辱。我不怕，继续偷看小说，又看了《肉蒲团》《灯草和尚》《金瓶梅》等等。这几部小说，并不使我满足，我觉得内容庸俗、粗糙、下流。直到我读到《水浒》才眼前一亮，觉得这是一部伟大的作品，不愧金圣叹称之为第五才子书，可以和庄[①]、骚[②]、史记、杜诗[③]并列。我一读，再读，三读，不忍释手，曾试图默诵一百零八条好汉的姓名绰号，大致不差（并不是每一人物都栩栩如生，精彩的不过五分之一，有人说每一个人物都有特色，那是夸张），也曾试图搜集香烟盒里（是大联珠还是前门[④]?）一百零八条好汉的图片[⑤]。这部小说实在令人着迷。《水浒》作者施耐庵在元末以赐进士[⑥]出身，生卒年月不详，一生经历我们也不得而知。这没有关系，我们要读的是书。有人说《水浒》作者是罗贯中，根本不是他，这也没有关系，我们要读的是书。《水浒》有七十回本，有一百回本，有一百十五回本，有一百二十回本，问题重重；整个故事是否早先有过演化的历史而逐渐形成的，也很难说；故事是北宋淮安大盗一伙人在山东寿张县梁山泊聚义的经过，有多大部分与历史符合有待考证。凡此种种都不是顶重要的事。《水浒》的主题是“官逼民反，替天行道”。一个个好汉直

---

① 即《庄子》。

② 即《离骚》。

③ 即杜甫诗。

④ “大联珠”和“前门”是当时最常见的两种香烟，称作“大联珠牌”和“前门牌”。

⑤ 当时每盒香烟里都有一张小卡片作为赠品，称作“香烟牌子”；卡片上的图案各式各样，故有人收集。

⑥ 赐进士，即进士，因殿试由皇帝主持，故加“赐”字。

接、间接的吃了官的苦头，有苦无处诉，于是铤而走险，逼上梁山，不是贪图山上的大碗酒、大块肉。官，本来是可敬的。奉公守法公忠体国的官，史不绝书。可是一朝权在手便把令来行的贪赃枉法的官却也不在少数。人踏上仕途，很容易被污染，会变成为另外一种人，他说话的腔调会变，他脸上的筋肉会变，他走路的姿势会变，他的心的颜色有时候也会变。“尔俸尔禄，民脂民膏”，过骄奢的生活，成特殊阶级，也还罢了，若是为非作歹，鱼肉乡民，那罪过可大了。《水浒》写的是平民的一股怨气。不平则鸣，容易得到读者的同情，有人甚至不忍责那些非法的杀人放火的勾当。有人以终身不入官府为荣，怨毒中人之深可想。较近的叛乱事件，义和团之乱是令人难忘的。我生于庚子后二年，但是清廷的糊涂，八国联军之肆虐，从长辈口述得知梗概。义和团是由洋人教士勾结官府压迫人民所造成的，其意义和梁山泊起义不同，不过就其动机与行为而言，我怜其愚，我恨其妄，而又不能不寄予多少之同情。义和团不可以一个“匪”字而一笔抹煞。英国俗文学中之罗宾汉的故事，其劫强济贫目无官府的游侠作风之所以能赢得读者的赞赏，也是因为它能伸张一般人的不平之感。我读了《水浒》之后，我认识了人间的不平。我对于《水浒》有一点极为不满。作者好像对于女性颇不同情。《水浒》里的故事对于所谓奸夫淫妇有极精彩的描写，而显然的对于女性特别残酷。这也许是我们传统的大男人主义，一向不把女人当人，即使当作人也是次等的人。女人有所谓贞操，而男人无。《水浒》为人抱不平，而没有为女人抱不平。这虽不足为《水浒》病，但是《水浒》对于欣赏其不平之鸣的读者，在影响上不能不打一点折扣。

第二部书该数《胡适文存》。胡先生生在我们同一时代，长我十一岁，我们很容易忽略其伟大，其实他是我们这一代人在思想学术、道德人品上最为杰出的一个。我读他的《文存》的时候，我尚在清华没有卒业。他影响我的地方有三：一是他的明白清楚的白话文。明白清楚并不是散文艺术的极致，却是一切散文必须具备的起码条件。他的《文学改良刍议》，现在看起来似嫌过简，在当时是振聋发聩的巨著。他的白话文学史的看法，他对于文学（尤其是诗）的艺术的观念，现在看来都有问题。例如，他直到晚年还坚持的说律诗是“下流”的东西，骈四俪六[①]当然更不在他眼里。这是他的偏颇的见解。可是在五四前后，文章写得像他那样明白晓畅、不枝不蔓的能有几人？我早年写作，都是以他的文字作为模仿的榜样。不过，我的文字比较杂乱，不及他的纯正。二是他的思想方法。胡先生起初倡导杜威的实验主义，后来他就不弹此调。胡先生有一句话，“不要被别人牵着鼻子走！”像是给人的当头棒喝。我从此不敢轻信人言。别人说的话，是者是之，非者非之，我心目中不存有偶像。胡先生曾为文批评时政，也曾为文对什么主义质疑，他的几位老朋友劝他不要发表，甚至要把已经发排的稿件擅自抽回。胡先生说：“上帝尚且可以批评，什么人什么事不可批评？”他的这种批评态度是可佩服的。从大体上看，胡先生从不侈言革命，他还是一个“儒雅为业”的人，不过他对于往昔之不合理的礼教是不惜加以批评的。

① 即用四字、六字句对偶排比的骈体文。

曾有人家里办丧事，求胡先生“点主”[1]，胡先生断然拒绝，并且请他阅看《胡适文存》里有关“点主”的一篇文章，其人读了之后翕然诚服。胡先生对于任何一件事都要寻根问底，不肯盲从。他常说他有考据癖，其实也就是独立思考的习惯。三是他的认真严肃的态度。胡先生说他一生没写过一篇不用心写的文章，看他的《文存》就可以知道确是如此，无论多小的题目，甚至一封短札，他也是像狮子搏兔似的全力以赴。他在庐山偶然看到一个和尚的塔，他作了八千多字的考证。他对于《水经注》所下的功夫是惊人的。曾有人劝他移考证《水经注》的功夫去做更有意义的事，他说不，他说他这样做是为了要把研究学问的方法传给后人。我对于《水经注》没有兴趣，胡先生的著作我没有不曾读过的，唯《水经注》是例外。可是他治学为文之认真的态度，是我认为应该取法的。有一次他对几个朋友说，写信一定要注明年、月、日，以便查考。我们明知我们的函件将来没有人会来研究考证，何必多此一举？他说不，要养成这个习惯。我接受他的看法，年、月、日都随时注明。有人写信谨注月、日而无年分，我看了便觉得缺憾。我译莎士比亚，大家知道，是由于胡先生的倡导。当初约定一年译两本，二十年完成，可是我拖了三十年。胡先生一直关注这件工作，有一次他由台湾飞到美国，他随身携带在飞机上阅读的书包括《亨利四世下篇》的译本。他对我说，他要看看中译的莎士比亚能否令人看得下去。我告诉他，能否看得下去我不知道，不过我是认真翻译的，没有随意删

---

① 全称“点主仪注”，旧时殡葬礼仪。

略，没敢潦草。他说俟全集译完之日为我举行庆祝，可惜那时他已经不在了。

第三本书是白璧德[①]的《卢梭与浪漫主义》。白璧德是哈佛大学教授，是一位与时代潮流不合的保守主义学者，我选过他的“英国十六世纪以后的文学批评”一课，觉得他很有见解，不但有我们前所未闻的见解，而且是和我自己的见解背道而驰。于是我对他发生了兴趣。我到书店把他的著作五种一古脑儿买回来读，其中最有代表性的是他的这一本《卢梭与浪漫主义》。他毕生致力于批判卢梭及其代表的浪漫主义，他针砭流行的偏颇的思想，总是归根到卢梭的自然主义。有一幅漫画讽刺他，画他匍匐地面揭开被单窥探床下有无卢梭藏在底下。白璧德的思想主张，我在《学衡》杂志所刊吴宓[②]、梅光迪[③]几位介绍文字中已略为知其一二，只是《学衡》固执的使用文言，对于一般受了五四洗礼的青年很难引起共鸣。我读了他的书，上了他的课，突然感到他的见解平正通达而且切中时弊。我平素心中蕴结的一些浪漫情操几为之一扫而空。我开始省悟，五四以来的文艺思潮应该根据历史的透视而加以重估。我在学生时代写的第一篇批评文字《中国现代文学之浪漫的趋势》就是在这个时候写的。随后我写的《文学的纪律》《文人有行》，以至于较后对于辛克莱[④]《拜金艺术》的评论，都可以说是受了白璧德的影响。白璧德对东方

① 白璧德（1865—1933），美国学者、文学评论家。
② 吴宓（1894—1978），现代学者，清华大学国学院创办人之一。
③ 梅光迪（1890—1945），现代学者，《学衡》杂志创始人。
④ 辛克莱（1878—1968），美国小说家。

思想颇有渊源，他通晓梵文经典及儒家与老庄的著作。《卢梭与浪漫主义》有一篇很精采的附录论老庄的“原始主义”，他认为卢梭的浪漫主义颇有我国老庄的色彩。白璧德的基本思想是与古典的人文主义相呼应的新人文主义。他强调人生三境界，而人之所以为人在于他有内心的理性控制，不令感情横决。这就是他念念不忘的人性二元论。中庸所谓“天命之谓性，率性之谓道，修道之谓教”，孔子所说的“克己复礼”，正是白璧德所乐于引证的道理。他重视的不是柏格森[1]所谓的“创造力”（élanvital），而是“克制力”（élanfroin）。一个人的道德价值，不在于做了多少事，而是在于有多少事他没有做。白璧德并不说教，他没有教条，他只是坚持一个态度——健康与尊严的态度。我受他的影响很深，但是我不曾大规模的宣扬他的作品。我在新月书店曾经集合《学衡》上的几篇文字为一小册印行，名为《白璧德与人文主义》，并没有受到人的注意。若干年后，宋淇[2]先生为美国新闻处编译一本《美国文学批评》，其中有一篇是《卢梭与浪漫主义》的一章，是我应邀翻译的，题目好像是《浪漫的道德》。三十年代左倾仁兄们、鲁迅及其他，谥我为“白璧德的门徒”，虽只是一顶帽子，实也当之有愧，因为白璧德的书并不容易读，他的理想很高也很难身体力行，称为门徒谈何容易！

第四本书是叔本华的《隽语与箴言》（*Maxims and Counsels*）。这位举世闻名的悲观哲学家，他的主要作品 *The World as Will and*

---

① 柏格森（1859—1941），法国哲学家，曾获诺贝尔文学奖。

② 宋淇（1919—1996），又名宋悌芬（Stephen Soong），笔名林以亮，戏剧家宋春舫之子，任职于文化界和电影界。

Idea（《作为意志和表象的世界》）我没有读过，可是这部零零碎碎的札记性质的书却给我莫大的影响。叔本华的基本认识是：人生无所谓幸福，不痛苦便是幸福。痛苦是真实的，存在的，积极的；幸福则是消极的，并无实体的存在。没有痛苦的时候，那种消极的感受便是幸福。幸福是一种心理状态，而非实质的存在。基于此种认识，人生努力方向应该是尽量避免痛苦，而不是追求幸福，因为根本没有幸福那样的一个东西。能避免痛苦，幸福自然就来了。我不觉得叔本华的看法是诡辩。不过，避免痛苦不是一件简单的事，需要慎思明辨，更需要当机立断。

第五部书是斯陶达[1]的《对文明的反叛》（*The Revolt against Civilization*）。这不是一部古典名著，但是影响了我的思想。民国十四年，潘光旦[2]在纽约哥伦比亚大学念书，住在黎文斯通大厦，有一天我去看他，他顺手拿起这一本书，竭力推荐要我一读。光旦是优生学者，他不但赞成节育，而且赞成“普罗列塔利亚”[3] 少生孩子，优秀的知识分子多生孩子，只有这样做，民族的品质才有希望提高。一人一票的“德谟克拉西”[4] 是不合理的，古希腊的“亚里士多克拉西”[5] 较近于理想。他推崇孔子，但不附和孟子的平民之说。他就是这样有坚定信念而非常固执的一位学者。他郑重推荐这一本书，我想必有道理，果然。斯陶达

① 斯陶达（1883—1950），美国历史学家、人类学家和政治理论家。

② 潘光旦（1899—1967），社会学家、优生学家，著作有《优生学》《人文史观》和《中国之家庭问题》等。

③ 即“无产者”（proletarian）。

④ 即“民主制”（democracy）。

⑤ 即“贵族制”（aristocracy）。

的生平不详，我只知道他是美国人，一八八三年生，一九五〇年卒，《对文明的反叛》出版于一九二二年，此外还有《欧洲种族的实况》（一九二四年）、《欧洲与我们的钱》（一九三二年）及其他。这本《对文明的反叛》的大意是：私有财产为人类文明的基础。有了私有财产的制度，然后人类生活形态，包括家庭的、社会的、政治的、经济的各方面，才逐渐的发展而成为文明。马克斯与恩格斯于一八四八年发表的一个小册子 *Manifest der Kommunisten*（《共产党宣言》）声言私有财产为一切罪恶的根源，要彻底的废除私有财产制度，言激而辩。斯陶达认为这是反叛文明，是对整个人类文明的打击。文明发展到相当阶段会有不合理的现象，也可称之为病态。所以，有心人就要想法改良补救，也有人就想象一个理想中的黄金时代，悬为希望中的目标。《礼记·礼运》所谓的“大同”，虽然孔子说“大道之行也，与三代之英，丘未之逮也”，实则大同乃是理想世界，在尧舜时代未必实现过，就是禹、汤、文武周公的“小康之治”恐怕也是想当然耳。西洋哲学家如柏拉图，如斯多亚派创始者季诺[①]，如陶玛斯·摩尔[②]，及其他，都有理想世界的描写。耶稣基督也是常以慈善为教，要人共享财富。许多教派都不准僧侣自蓄财产。英国诗人柯律芝[③]与骚赛[④]在一七九四年根据卢梭与高德文[⑤]的理想，

---

① 季诺，今译“芝诺”，古希腊哲学家。

② 陶玛斯·摩尔，今译“托马斯·莫尔”（1478—1535），16 世纪英国廷臣、学者，《乌托邦》作者。

③ 柯律芝，今译“柯勒律治”（1772—1834）。

④ 骚赛，今译“骚塞”（1774—1843）。

⑤ 高德文，今译“葛德文”（1756—1836），英国作家、哲学家、政治理论家。

居然想到美洲的宾夕凡尼亚去创立一个共产社区，虽然因为缺乏经费而未实现，其不满于旧社会的激情可以想见。不满于文明社会之现状，是相当普遍的心理。凡是有同情心和正义感的人，对于贫富悬殊壁垒分明的现象无不深恶痛绝。不过，从事改善是一回事，推翻私有财产制度又是一回事。至若以整个国家、甚至以整个世界，孤注一掷的做一个渺茫的、理想的实验，那就太危险了。文明不是短期能累积起来的，却可毁灭于一旦。斯陶达心所惧危，所以写了这样的一本书。

第六部书是《六祖坛经》[①]。我与佛教本来毫无瓜葛。抗战时在北碚缙云山上缙云古寺偶然看到太虚法师领导的汉藏理学院，一群和尚在翻译佛经，香烟缭绕，案积贝多树叶帖帖然，字斟句酌，庄严肃穆。佛经的翻译原来是这样谨慎而神圣的，令人肃然起敬。知客法舫，彼此通姓名后得知他是《新月》的读者，相谈甚欢，后来他送我一本他作的《金刚经讲话》，我读了也没有什么领悟。三十八年[②]我在广州，中山大学外文系主任林文铮先生是一位狂热的密宗信徒，我从他那里借到《六祖坛经》，算是对于禅宗作了初步的接触，谈不上了解，更谈不到开悟。在丧乱中我开始思索生死这一大事因缘。在六榕寺瞻仰了六祖的塑像，对于这位不识字而能顿悟佛理的高僧有无限的敬仰。六祖坛经不是一人一时所作，不待考证就可以看得出来，可是禅宗大旨

---

① 《六祖坛经》，亦称《坛经》《六祖大师法宝坛经》，全称《南宗顿教最上大乘摩诃般若波罗蜜经六祖惠能大师于韶州大梵寺施法坛经》，是佛教禅宗六祖惠能口说、弟子法海集录的一部经典。

② 民国三十八年，即1949年。

尽萃于是。禅宗主张不立文字，但阐明宗旨还是不能不借重文字。据我浅陋的了解，禅宗主张顿悟，说起来简单，实则甚为神秘。棒喝是接引的手段，公案是参究的把鼻[1]。说穿了，即是要人一下子打断理性的逻辑的思维，停止常识的想法，蓦然一惊之中灵光闪动，于是进入一种不思善、不思恶、无生无死、不生不死的心理状态。在这状态之中得见自心自性，是之谓“明心见性”，是之谓“言下顿悟”。有一次我在胡适之先生面前提起铃木大拙[2]，胡先生正色曰：“你不要相信他，那是骗人的！”我不作如是想。铃木不像是有意骗人，他可能确是相信禅宗顿悟的道理。胡先生研究禅宗历史十分渊博，但是他自己没有做修持的功夫，不曾深入禅宗的奥秘。事实上，他无法打入禅宗的大门，因为禅宗大旨本非理性的文字所能解析说明，只能用简略的、象征的文字来暗示。在另一方面，铃木也未便以胡先生为门外汉而加以轻蔑。因为一进入文字辩论的范围，便必须使用理性的、逻辑的方式才足以服人。禅宗的境界，用理性逻辑的文字怎样解释也说不明白，须要自身体验，如人饮水，冷暖自知。所以，我看胡适、铃木之论战根本是不必要的，因为两个人不站在一个层次上。一个说有鬼，一个说没有鬼，能有结论吗？我个人平夙的思想方式近于胡先生类型，但是我也容忍不同的寻求真理的方法。《哈姆雷特》一幕二景，哈姆雷特见鬼之后对于来自威吞堡的学者何瑞修说：“宇宙间无奇不有，不是你的哲学全能梦想得到

---

① 棒喝、公案，均为禅宗使人顿悟的方式。
② 铃木大拙（1870—1966），日本佛学家。

的。”我对于禅宗的奥秘亦作如是。

第七部书是卡赖尔[①]的《英雄与英雄崇拜》（Carlyle：*On Heroes Hero Worship and the Heroic in History*），原是一系列的演讲，刊于一八四一年。卡赖尔的文笔本来是汪洋恣肆，气势不凡，这部书因为原是讲稿，语气益发雄浑，滔滔不绝的有雷霆万钧之势。他所谓的英雄，不是专指搴旗斩将、攻城略地的武术高超的战士而言，举凡卓越绝伦的各方面的杰出人才，他都认为是英雄，神祇、先知、国王、哲学家、诗人、文人都可以称为英雄，如果他们能做人民的领袖、时代的前驱、思想的导师。卡赖尔对于人类文明的历史发展有一基本信念，他认为人类文明是极少数的领导人才所创造的。少数的杰出人才有所发明，于是大众跟进。没有睿智的领导人物，浑浑噩噩的大众就只好停留在浑浑噩噩的状态之中。证之于历史，确是如此。这种说法和孙中山先生所说“先知先觉、后知后觉、不知不觉”若合符节。卡赖尔的说法，人称之为“伟人学说”（Great Man Theory）。他说政治的妙谛在于如何把有才智的人放在统治者的位置上去。他因此而大为称颂我们的科举取士的制度。不过，他没注意到取士的标准大有问题，所取之士的品质也就大有问题。好人出头是他的理想，他们憧憬的是贤人政治。他怕听“拉平者”（Levellers）那一套议论，因为人有贤、不肖，根本不平等。仅管尽力拉平世间的不平等的现象，领导人才与人民大众对于文明的贡献究竟不能等量齐观。我接受卡赖尔的伟人学说，但是我同时强调伟人的品质。

---

① 卡赖尔，今译“卡莱尔”（1795—1881），英国历史学家、作家。

尤其是政治上的伟人责任重大，如果他的品质稍有问题，例如轻言改革，囿于私见，涉及贪婪，用人不公，立刻就会灾及大众，祸国殃民。所以，我一面崇拜英雄，一面深厌独裁。我愿他泽及万民，不愿他成为偶像。卡赖尔不信时势造英雄，他相信英雄造时势。我想是英雄与时势交相影响。卡赖尔受德国菲士特①的影响，以为一代英雄之出世涵有“神意”（divine idea），又受喀尔文②（Calvin）一派清教思想的影响，以为上帝的意旨在指挥英雄人物。这种想法现已难以令人相信。

第八部书是玛克斯·奥瑞利斯③的《沉思录》（*Meditations*）。这是西洋斯托亚派④哲学最后一部杰作，原文是希腊文，但是译本极多，单是英文译本自十七世纪起至今已有二百多种。在我国，好像注意到这本书的人不多。我在民国四十八年将此书译成中文，由协志出版公司印行。作者是一千八百多年前的罗马帝国的皇帝，以皇帝之尊而成为苦修的哲学家，并且给我们留下这样的一部书，真是奇事。斯托亚派哲学涉及三个部门：物理学、论理学、伦理学。这一派的物理学，简言之，即是唯物主义加上泛神论，与柏拉图之以理性概念为唯一真实存在的看法正相反。斯托亚派认为，只有物质的事物才是真实的存在，但是物质的宇宙之中偏存着一股精神力量，此力量以不同的形势出现，如人，如气，如精神，如灵魂，如理性，如主宰一切的原理，皆是。宇宙

---

① 菲士特，今译“费希特”（1762—1814），德国古典哲学家。

② 喀尔文，今译“加尔文”（1509—1564），法国宗教改革家。

③ 玛克斯·奥瑞利斯，今译“马可·奥勒留”（121—180），古罗马皇帝，著名的“帝王哲学家”。

④ 斯托亚派，即前文所说“斯多亚派”。

是神，人所崇奉的神祇只是神的显示。神话传说全是寓言。人的灵魂是从神那里放射出来的，早晚还要回到那里去。主宰一切的神圣原则，即是使一切事物为了全体利益而合作。人的至善的理想，即是有意识的为了共同利益而与天神合作。至于这一派的论理学，则包括两部门：一是辩证法，一是修辞学；二者都是思考的工具，不太重要。玛克斯最感兴趣的是伦理学。按照这一派哲学，人生最高理想是按照宇宙自然之道去生活。所谓“自然”，不是任性放肆之意，而是上面说到的宇宙自然。人生除了美德，无所谓善，除了罪行，无所谓恶。美德有四：一为智慧，所以辨善恶；二为公道，以便应付一切悉合分际；三为勇敢，借以终止痛苦；四为节制，不为物欲所役。人是宇宙的一部分，所以对宇宙整体负有义务，应随时不忘本分，致力于整体利益。有时，自杀也是正当的，如果生存下去无法善尽做人的责任。《沉思录》没有明显的提示一个哲学体系，作者写这本书，是在做反省的功夫，流露出无比的热诚。我很向往他这样的近于宗教的哲学。他不信轮回，不信往生，与佛说异，但是他对于生死这一大事因缘，却同样的、不住的叮咛开导。佛圆寂前，门徒环立，请示以后当以谁为师，佛说：“以戒为师。”“戒”为一切修行之本，无论“根本五戒”、“沙弥十戒”、“比丘二百五十戒”，以及“菩萨十重、四十八轻之性戒”，其要义无非是克制。不能持戒，还说什么定慧？佛所斥为外道的种种苦行，也无非是戒的延伸与歪曲。斯托亚派的这部杰作，坦示了一个修行人的内心了悟，有些地方不但可与佛说参证，也可以和我国传统的“天行健，君子以自强不息”以及“克己复礼”之说相印证。

英国十七世纪剧作家范伯鲁[①]的《旧病复发》（*Relapse*）里有一个愚蠢的花花大少爷浮平顿爵士（Lord Foppington），他说了一句有趣的话：“读书乃是以别人脑筋制造出的东西以自娱。我以为有风度有身分的人可以凭自己头脑流露出来的东西而自得其乐。”书是精神食粮。食粮不一定要自己生产，自己生产的不一定会比别人生产的好。而食粮还是我们必不可或缺的。书像是一股洪流，是多年来多少聪明才智的人点点滴滴的汇集而成，很难得有人能毫无凭借的立地涌现出一部书。读书如交友，也靠缘分，吾人有缘接触的书各有不同。我读书不多，有缘接触了几部难忘的书，有如良师益友，获益匪浅，略如上述。

① 范伯鲁，今译“凡布卢”（1664—1726）。

图书在版编目（CIP）数据

经典作家谈书与读书/刘文荣主编. —上海：文汇出版社，2013.6
（经典作家如是说系列）
ISBN 978-7-5496-0858-4

Ⅰ. ①经… Ⅱ. ①刘… Ⅲ. ①书评—世界—选集 Ⅳ. ①G236

中国版本图书馆 CIP 数据核字（2013）第 059825 号

经典作家谈书与读书

主　　编／刘文荣

责任编辑／陈今夫
封面装帧／陆震伟

出版发行／文匯出版社
上海市威海路 755 号
（邮政编码 200041）
经　　销／全国新华书店
排　　版／南京展望文化发展有限公司
印刷装订／江苏省启东市人民印刷有限公司
版　　次／2013 年 6 月第 1 版
印　　次／2013 年 6 月第 1 次印刷
开　　本／890×1240　1/32
字　　数／150 千
印　　张／7.5

ISBN 978-7-5496-0858-4
定　　价／25.00 元

《欧美经典恐怖小说精选》　　刘文荣选编

定价：29 元

本书所选 12 篇恐怖小说，均出自名家之手，而且大致是以年代先后排列的，如果一篇一篇读下去，你会发现，出自名家之手的恐怖小说从来就不是为恐怖而恐怖的——恐怖之余，它们总能让读者领悟到什么，或世态之炎凉，或人心之难测，或命运之多舛……

《欧美经典情爱小说精选》　　刘文荣选编

定价：35 元

本书精选了欧美 19 世纪和 20 世纪出自经典作家之手的经典中篇情爱小说 6 篇，即法国巴尔扎克的《假面具下的爱情》、意大利亚米契斯的《卡尔美拉》、德国施笃姆的《茵梦湖》、俄国屠格涅夫的《春潮》、奥地利茨威格的《一个女人一生中的二十四小时》和美国西格尔的《爱情故事》。这些作品单篇均为脍炙人口的名作，但从未结集出版过，因而不仅具有很高的阅读价值，还具有相当的收藏价值。

《欧美经典侦探小说精选》　　刘文荣选编

定价：35 元

本书所选欧美侦探小说，均出自名家之手，如美国艾德加·爱伦·坡的《玛丽·罗杰疑案》、英国亚瑟·柯南道尔的《血字的研究》、法国莫里斯·勒布朗的《亚森·罗宾历险记》等。读之不仅趣味无穷，而且能开启心智，使你更加聪慧睿智：你不仅能直面罪恶，更相信天网恢恢——究恶之人总比罪恶之人技高一筹。

《欧美经典战争小说精选》 **刘文荣选编**

定价：28 元

战争小说通过对战争的描写，表现人生与人性。本书所收战争小说均出自欧美经典作家之手，如俄国托尔斯泰的《八月的塞瓦斯托波尔》、法国左拉的《磨坊之役》、莫泊桑的《菲菲小姐》、英国毛姆的《不屈的女人》和美国海明威的《桥边的老人》等，均为脍炙人口的中短篇战争小说名作。读之，能使你对战争中的个人命运感到恐惧与怜悯，从而净化你的心灵，使你变得更加恬静而淡定，更加珍惜生活、热爱生命。

《欧美经典博弈小说精选》 **刘文荣选编**

定价：29 元

博弈小说，不仅仅是打牌、下棋，而是“赌徒人生观”和“棋手人生观”的集中体现。何为“赌徒人生观”？何为“棋手人生观”？若想领略一番，请读一读《黑桃皇后》《赌徒》《象棋的故事》《打不败的人》这些出自欧美经典作家之手的博弈小说。

《欧美经典历险小说精选》 **刘文荣选编**

定价：29 元

欧美近代小说的第一部——《鲁滨孙漂流记》，就是一部历险小说，可见欧美小说从一开始起就和“历险”结下了不解之缘，而形形色色的“历险”，往往是人生的折射，甚至是人生的隐喻——因为从某种意义上说，人的一生，就是一个人的一次“历险”。本书所收历险小说均出自欧美经典作家之手，如德国沙米索的《彼得·史勒密尔的奇异故事》、英国吉卜林的《国王迷》和美国作家杰克·伦敦的《热爱生命》等，均为脍炙人口的名作。

《欧美经典动物小说精选》 刘文荣选编

定价：29 元

欧美小说家常以动物作为小说题材，或通过拟人化手法，或通过人与动物的关系，表现人性，或表现大自然的启示。本书所收动物小说均出自欧美经典作家之手，如美国作家杰克·伦敦的《野性的呼唤》、马克·吐温的《狗的自述》、福克纳的《熊》、俄国作家托尔斯泰的《一匹马的故事》和法国作家福楼拜的《一颗纯朴的心》等，均为脍炙人口的名作。

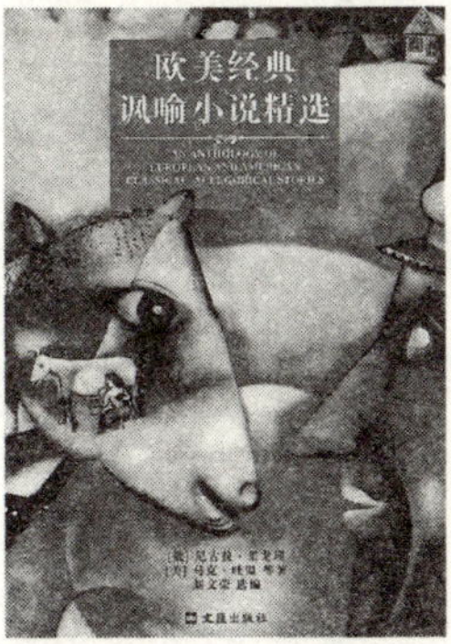

《欧美经典讽喻小说精选》 刘文荣选编

定价：35 元

讽喻小说是欧美文学的瑰宝，这类小说对世道人心的嘲讽入木三分，塑造的人物具有普遍而永恒的典型意义，或剖析人性，或警示世人，读之令人难忘。本书所收讽喻小说均出自欧美经典作家之手，如俄国作家果戈理的《外套》、法国作家左拉的《陪衬人》、莫泊桑的《羊脂球》、英国作家奥威尔的《动物农庄》、劳伦斯的《美妇人》和美国作家马克·吐温的《百万英镑》、欧·亨利的《警察与赞美诗》等，均为脍炙人口的名作。

《欧美经典荒诞小说精选》 刘文荣选编

定价：33 元

荒诞小说在欧美古已有之，但在二十世纪最为繁荣，可说是欧美现代文学中的一道亮丽的风景线。这类小说表面上装疯卖傻，貌似荒诞，实质寓意深邃，发人深省。